墨香财经学术文库

管理层股权激励、会计信息可比性与债务期限结构研究

Research on Management Equity Incentive, Comparability of Accounting Information and Debt Maturity Structure

徐健 著

东北财经大学出版社
Dongbei University of Finance & Economics Press
大连

图书在版编目（CIP）数据

管理层股权激励、会计信息可比性与债务期限结构研究 / 徐健著. —大连：东北财经大学出版社，2024.3
（墨香财经学术文库）
ISBN 978-7-5654-5176-8

Ⅰ.管…　Ⅱ.徐…　Ⅲ.①企业-股权激励-研究-中国 ②公司-财务管理-研究-中国 ③公司-债务-研究-中国　Ⅳ.F279.246

中国国家版本馆CIP数据核字（2024）第054875号

东北财经大学出版社出版发行
大连市黑石礁尖山街217号　邮政编码　116025
网　　址：http://www.dufep.cn
读者信箱：dufep@dufe.edu.cn
大连图腾彩色印刷有限公司印刷

幅面尺寸：170mm×240mm　字数：151千字　印张：10.25　插页：1
2024年3月第1版　2024年3月第1次印刷
责任编辑：李　彬　王　斌　责任校对：于　心
封面设计：原　皓　版式设计：原　皓
定价：59.00元

前言

管理层股权激励作为一种长效机制在公司治理中发挥着重要作用。管理层与企业的利益通过股权组带紧密结合，这对于改善公司治理结构、减少现代企业由所有权与经营权分离引起的委托代理问题、提高管理效率具有促进作用，从而帮助企业实现战略目标。但是，如果股权激励机制运用不当，会造成“超级期权”的过度激励现象，引发管理层的寻租动机与行为，从而损害股东利益和企业价值。可见，管理层股权激励是一把“双刃剑”，那么，如何用好这把“双刃剑”，掌握好股权激励的强度，使股权激励这一长效机制在公司治理中发挥积极作用便成为理论界与实务界面临的重要问题。而基于会计决策有用观，会计信息可比性能够帮助企业对投资项目进行比较、鉴别与价值评估，从而提高决策效率，并且能够对外部投资者和金融机构的信息传递与有效决策产生积极的促进作用，那么管理层股权激励势必会影响会计信息可比性。

债务期限是债务契约的重要组成部分，会计信息所传达的企业经营状况与财务状况是契约决策的重要影响因素，高质量的会计信息能够降低企业与外部信息的不对称程度，帮助债权人对投资项目价值合理评估，加强对资金使用过程的监督，确保债权安全。根据国际财务报告准则（IFRS）与国际标准化组织（ISO）的定义，会计信息质量应为会计信息满足明确和隐含需要能力的特征总和，质量特征包括可靠性、相关性、可理解性、可比性、及时性、实质重于形式等方面。可比性作为会计信息质量的重要特征之一，美国财务会计准则委员会（FASB）对其内涵解释为“有助于信息使用者识别不同行业与企业相同或相近经济现象异同的一种信息质量特征”，且美国财务会计准则委员会指出，倘若会计信息的可比性不可获取，企业就不能准确有效地做出投资决策。同时，会计信息可比性会帮助金融机构更为深入地认识与理解会计数字背后的经济业务实质，识别经济现象之间的异同，分析会计业绩变动原因与趋势，降低信息获取与加工成本并且有效地判断参照公司与目标公司之间的价值关联性。

2020年5月，十三届全国人大三次会议通过的《政府工作报告》再次强调，在疫情防控常态化的前提下，坚持稳中求进工作总基调，坚持新发展理念，坚持以供给侧结构性改革为主线，坚持以改革开放为动力推动高质量发展。关于供给侧结构性改革问题，在2019年7月，党中央提出“推进金融供给侧结构性改革，引导金融机构增加对制造业、民营企业的中长期融资”，这已将债务期限结构问题上升到国家金融治理层面。债务期限结构作为企业债务融资决策的重要内容之一，其不仅会影响企业的融资成本与投资行为，还会影响财务风险以及企业价值甚至宏观经济稳定。债务期限越短，企业还本付息的频率越高、压力越大，应对经济波动或突发事件的能力就越差，而在经济下行时，金融机构会压缩信贷资金，企业则面临严峻的挑战。此外，资本市场不均衡的债务期限结构不仅会阻碍企业的生产经营与持续发展，而且会增加企业违约的概率，危及国家信用体系、金融秩序与经济稳定。

有鉴于此，本书将结合上述背景致力于解决以下问题：第一，基于最优契约理论与管理层权力理论，探究管理层股权激励作为企业长效治理机制会对会计信息可比性产生何种影响效应；基于“公司治理→经营行为→财务后果”的企业运行机制（李维安，2011）可知，管理层股权激励作为一种公司治理机制并不会直接作用于会计信息可比性，而是通过企业经营行为间接地对其产生影响，因此，还将从企业经营行为的角度研究管理层股权激励对会计信息可比性影响效应的微观路径与作用机理。第二，考察会计信息可比性对企业债务期限结构的影响效应，并就影响路径与作用机制问题提供理论解释与经验证据；此外，考虑不同所有权性质的企业在资本市场普遍存在，而中国政府主导型金融体系会导致以国有银行为主的金融机构将融资政策向国有企业倾斜，因此，还将进一步分析会计信息可比性对债务期限结构的影响效应是否会因企业所有权性质不同存在差异。第三，辨析管理层股权激励在会计信息可比性对债务期限结构的影响中是否存在调节作用，若存在，将起到何种调节以及是否存在“壕沟效应”问题。

聚焦于探究上述问题，本书将各章内容安排如下：第1章为绪论，阐述研究背景与研究意义、研究目标与研究思路、研究内容与研究方法以及本书的主要创新点。第2章为文献综述，梳理管理层股权激励的经济后果、会计信息可比性的影响因素与经济后果，以及债务期限结构影响因素研究领域的研究文献，并对现有研究关注不足之处归纳整理并明晰本书的研究方向与研究贡献。第3章阐述最优契约理论、管理层权力理论、信息不对称理论以及委托代理理论的基本内容，此外，还将界定本书研究的基本概念并且围绕本章的研究主题构建基本理论框架。第4章、第5章与第6章为实证研究部分。第4章首先基于最优契约理论与管理层权力理论研究管理层股权激励对企业会计信息可比性的影响效应，探究管理层股权激励体现为最优契约强化治理，还是管理层权力的“自由裁量”，这一影响效应存在的原因是什么；其次，将研究企业战略激进度是否受到股权激励引起的管理层经营决策改变的影响，是否作为中介渠道对会计信息可比性产生影响，其具体效应又是什么；最后，将分别从企业行业特征、外部审计与所有权性质三个方面进一步探究其对管理层股权激励影响会计信息可比性作用的调节效应。第5章基于信息不对称理论与委托代理理论剖析并检验会计信息可比性对债务期限结构的影响效应，并且探究这一影响效应的路径与机制问题；此外，还会基于产权理论探究会计信息可比性对债务期限结构的影响效应是否会因企业所有权性质不同而存在差异。第6章则主要考察管理层股权激励在会计信息可比性对债务期限结构的影响中是否具有调节作用以及这一调节作用是否存在“壕沟效应”问题。第7章为研究结论与政策建议。

本书研究获得的主要结论如下：

结论一：管理层股权激励对会计信息可比性的影响存在“壕沟效应”，其作用呈倒U形关系，企业战略激进度在这一影响中发挥中介作用。首先，以2008—2018年中国资本市场A股上市公司为研究样本，基于最优契约理论与管理层权力理论，研究发现管理层股权激励对会计信息可比性存在“壕沟效应”，其作用呈倒U形关系。当管理层持股比例低于35%时，股权激励体现为“利益协同”效应，会提高企业会计信息可比性；当持股比例高于35%时，股权激励体现为“利益侵占”效应，会降低企业会计信息可比性。其次，管理层股权激励通过企业战略激进度这一渠道对会计信息可比性产生作用，且这一渠道表现为负向中介效应，即管理层股权激励会通过增加投资与创新投入提高企业战略激进度，但企业战略激进度达到一定程度后，其引起的经营风险与财务困境将降低企业会计信息可比性。最后，相对于高新技术行业与国有企业，管理层股权激励通过提高企业战略激进度进而降低会计信息可比性的影响效应在非高新技术行业与非国有企业更强；而且，高审计质量能够通过股权激励动机识别企业盈余管理行为，发挥监督与治理功能弱化这一影响效应。

结论二：会计信息可比性这一质量特征有利于提高企业债务融资期限，盈余管理与代理成本在这一影响效应中发挥中介作用。债务期限结构是债务契约定价的组成部分，是企业与金融机构双方均衡博弈的结果。首先，对于金融机构而言，高会计信息可比性会通过抑制管理层的盈余管理行为增强财务信息透明度、提升盈余质量并降低信息风险，金融机构为提升经营绩效与降低经营风险会选择对高财务信息透明度、高盈余质量与信息风险低的企业提供长期债务融资支持；盈余管理在会计信息可比性对债务期限结构的影响效应中发挥中介作用，这也表明在2007年中国金融体制与金融市场开始改革后，资本市场已能够有效识别企业盈余管理行为。其次，对于企业而言，当短期债务融资抑制代理成本的治理效应被高会计信息可比性替代，企业会增加其长期债务融资的意愿；在会计信息可比性对债务期限结构的影响中，这一作用机制亦可以通过高会计信息可比性抑制企业代理成本实现，代理成本在会计信息可比性对债务期限结构的影响效应中发挥中介作用。这证实会计信息可比性在企业与金融机构双方基于债务期限的博弈中促进了合作。最后，政府主导型金融体系与国有企业承担社会责任形成的融资优势弱化了国有企业会计信息可比性对债务期限结构的影响效应，相较于国有企业，非国有企业的会计信息可比性对债务期限结构的影响效应更强。

结论三：管理层股权激励会影响会计信息可比性对债务期限结构的作用，其会强化会计信息可比性对债务期限结构的影响效应，进一步地，股权激励的调节作用具有“壕沟效应”，过度激励将会适得其反。相较于低强度股权激励，高强度股权激励通过提高会计信息可比性、向金融机构传递企业经营与治理的积极信息并替代短期债务融资对代理成本的抑制作用，从而强化会计信息可比性对债务期限结构的影响效应。但当股权激励过度时，管理层股权激励将通过增加盈余管理行为、提高企业战略激进度而使其负向调节会计信息可比性对债务期限结构的影响效应，从而形成“壕沟效应”。

本书可能的创新主要体现在以下几个方面：

第一，针对现有管理层股权激励对会计信息可比性影响效应研究关注不足这一问题，从会计信息可比性这一角度拓展了管理层股权激励的经济后果研究以及微观路径与作用机理，实证研究了管理层股权激励对会计信息可比性的影响存在“壕沟效应”，作用呈倒U形关系，为证监会和企业推行股权激励提供了新的经验证据。拓展了企业战略激进度的经济后果研究，从“公司治理→经营行为→财务后果”的路径检验了管理层股权激励影响会计信息可比性过程中企业战略激进度作为中介效应的微观路径与作用机理，有助于深入理解管理层股权激励对会计信息可比性影响的作用机制问题。此外，从管理层股权激励这一新视角拓展了会计信息可比性影响因素的研究思路，为企业提高会计信息可比性提供了新的解释途径与理论支持。

第二，结合2007年中国金融体制与金融市场改革的背景与目前资本市场债务期限失衡并且以短期债务融资为主的现状，系统分析并揭示了会计信息可比性对债务期限结构的影响效应、影响路径以及作用机制。基于信息不对称理论与委托代理理论，以“会计信息可比性→盈余管理→债务期限结构”的研究思路检验会计信息可比性对债务期限结构的影响路径，同时检验在中国金融体制与金融市场改革后资本市场是否能够识别企业盈余管理行为这一问题；以“会计信息可比性→两类代理成本→债务期限结构”的研究路径，探究会计信息可比性通过两类代理成本对企业债务期限结构的影响机理：这些为会计信息可比性对债务期限结构的影响路径与作用机制提供了理论解释与经验证据，深化了学术界对会计信息可比性与企业融资活动及债务期限结构关系的理论认知，弥补了现有研究文献的关注不足之处。此外，充分分析了企业所有权性质异质性对两者关系的影响效果，深化了企业所有权性质异质性维度内会计信息可比性对债务期限结构的影响研究。

第三，研究证实管理层股权激励对会计信息可比性与债务期限结构关系的调节作用。管理层股权激励会强化会计信息可比性对债务期限结构的影响效应，进一步地，若过度激励将会适得其反，形成股权激励调节作用的“壕沟效应”。从2005年中国证监会发布《上市公司股权激励管理办法（试行）》、2006年国务院国有资产监督管理委员会（以下简称国务院国资委）与财政部发布《国有控股上市公司（境内）实施股权激励试行办法》等一系列文件至今，股权激励的制度建设与操作趋于纵深化与规范化，但管理层股权激励在中国尚处于发展阶段，其广泛的影响后果与背后的作用路径及机理有待进一步探索，本书这一研究结论不仅从股权激励与会计信息可比性的角度拓展了债务期限结构的影响因素研究，而且从会计信息可比性与债务期限结构关系的角度深化了管理层股权激励的经济后果研究。

徐　健
2024年2月

目录

1 绪论

本章为基础性章节，试图呈现研究的选题背景与研究意义、研究目标与研究思路以及研究内容与研究方法等。具体分为四部分，第一部分为研究背景与研究意义；第二部分为研究目标与研究思路；第三部分为研究内容与研究方法；第四部分为研究创新点。

1.1 研究背景与研究意义

1.1.1 研究背景

现代企业所有权与经营权的分离将引发管理层与股权之间的委托代理问题（Jensen 和 Meckling，1976），信息不对称性以及不完备契约等因素成为管理层寻租行为的诱因，而股权激励[①]计划可以将管理层与企业的利益紧密结合，缓解委托代理问题，促进实现企业价值最大化。早在20世纪80年代股权激励已经在欧洲及北美广泛实施，并产生积极的

① 注：若无特殊说明，后文中股权激励均指管理层股权激励。

影响。20世纪90年代初，中国开始引入股权激励这一公司治理机制。2002年，财政部与科技部发布《关于国有高新技术企业开展股权激励试点工作的指导意见》，标志着股权激励治理机制在国家政策层面正式出台。随后，为推进资本市场改革开放和稳定发展，中国证监会发布《上市公司股权激励管理办法（试行）》、国务院国资委与财政部发布《国有控股上市公司（境内）实施股权激励试行办法》等一系列政策性文件，标志着股权激励进入全面发展时期。当然，发展的过程中一定会存在问题，至2008年，国务院国资委与财政部发布《关于规范国有控股上市公司实施股权激励制度有关问题的通知》，从股权激励的实施条件、业绩考核、控制股权激励收益水平并使其与业绩指标增长挂钩浮动、强化股权激励计划的管理等诸多方面从严规范。此外，国家税务总局发布《关于上市公司高管人员股票期权所得缴纳个人所得税有关问题的通知》等文件使股权激励制度逐步完善。2016年，中国证监会再次修订《上市公司股权激励管理办法》，进一步赋予企业股权激励的自主决策空间，并且在“新三板”公司中逐步推广股权激励。股权激励作为一种长效机制开始在公司治理中发挥重要作用，众多公司将其作为完善公司治理结构、吸引人才、充分调动管理层和科技员工工作积极性的重要手段，股权激励成为实现企业快速发展的重要工具之一。

然而，股权激励在中国尚处发展阶段，虽然相关的操作规范在趋于完善，但由于发展的时间较短，其作为公司治理机制的实施效果仍存在不确定性。股权激励是一把“双刃剑”，基于最优契约理论，其能够促进被激励对象与企业股东的利益趋同，降低委托代理成本与信息不对称程度，提高被激励对象工作的积极性并且增强薪酬激励效果，从而提升企业业绩（Mehran，1995；Hall 和 Leibman，1998；Makri 和 Gomez-Mejia，2010）；但在实践中如果使用不当，因期权存在着巨大的回报，管理层可能采取短期行为如削减研发费用、人为降低生产成本增加会计利润、转移利润、虚报业绩等方式“愚弄”资本市场，这些短期行为甚至可能会对企业的战略部署与长远发展产生不利影响（Fama 和 Jensen，1983；Melis 等，2012）。毋庸置疑，中国的相关法律体系完善程度与资本市场较为发达的国家相比仍有差距，在此背景下，学术界与实务界更应深入探究股权激励在公司治理中的作用机制与机理问题，而不是简单地将股权激励从西方国家直接借用。通晓股权激励治理机制并正确运用能够使经营者律人律已，使公司治理锦上添花；反之，不仅徒劳无功，还会损害企业价值。

经济发展离不开资本市场，资本市场的有效运行使其交易对象即金融产品等能够及时并且完整地反映金融产品的相关信息，也就是说信息越充分，信息对市场价格的影响越迅速，资本市场运行机制越有效。会计信息是资本市场运行的载体，企业会计信息失真或与外部信息不对称均会导致资本市场运行机制失灵、资源配置效率下降。会计信息质量对于资本市场的健康运行与功能发挥具有重要作用，经济越发展，会计越重要。根据国际标准化组织的有关定义，会计信息质量是会计信息满足明确和隐含需要能力的特征总和，这一定义涵盖了会计信息实用性与符合性的内涵。美国财务会计准则委员会、加拿大特许会计师协会CICA等组织都将会计信息质量问题作为一个专门的科学项目进行研究。会计信息质量要求是企业披露财务报告所应遵循的基本规范，也是会计信息对其使用者有效决策应具备的基本特征。根据国际财务报告准则的定义，会计信息质量特征包括可靠性、相关性、可理解性、可比性、及时性、实质重于形式等方面，但不同的质量特征却包含着不同的决策价值（国际会计准则理事会IASB，2010），那么仅仅考虑会计信息整体质量的经济后果显然难以深刻理解其中各项质量特征的内在作用。学术界现有研究表明，在会计信息质量特征中，可比性可以通过提升股票流动性提升企业价值，在提升企业价值方面，可比性的作用是第一位的（李鹏等，2014）。会计信息可比性被视为会计信息增强决策有用性的重要基础（美国财务会计准则委员会，2010）。会计信息使用者的受教育程度与理解能力均有所差异，会计信息可比性有助于不同受教育程度与理解能力的信息使用者更好地理解可靠、相关的会计信息；会计信息可比性有助于加强政府宏观调控以及协调各方利益的功能。但作为会计信息质量的重要特征之一，相较于其他质量特征较为成熟的研究，会计信息可比性在定量测算上的困难导致这方面的研究尤其是实证研究较为匮乏，且其影响因素的研究在国内外研究文献中均不多见，仍处于研究起步阶段。

资金为企业活动的重要推动力，企业能否成功融资获得稳定的资金来源对经营与发展至关重要。债务融资为企业的重要融资机制之一，而企业债务期限结构为债务融资的重要决策内容之一，其不仅会影响企业的投融资成本、投资行为，还会影响财务风险以及企业价值甚至宏观经济稳定。债务期限越短，企业还本付息的频率越高、压力越大，应对经济波动或突发事件的能力就越差，而在经济下行时，金融机构会压缩信贷资金，企业则面临严峻的挑战。一方面，企业的生产经营将受到冲击，而负债总额相同的企业，负债期限越短则倒闭的可能性越高；另一方面，这会通过增加企业违约的概率危及国家信用体系、金融秩序与宏观经济稳定。2008年国际金融危机后，中国实施“四万亿计划”推进经济平稳增长，同时，却也带动宏观杠杆率较快攀升，债务风险持续增加。在2015年，为了遏制金融风险，中央经济工作会议提出“三去一降一补”政策，其中的“去杠杆”政策在一定程度上降低了中国的债务规模。但据国家金融与发展实验室统计，至2018年末中国债务总额与GDP之比为243.7%，非金融企业部门杠杆率为153.6%[①]，处于高位。学术界对债务期限结构的研究表明，中国资本市场债务期限结构并不均衡，以短期债务融资为主，长期债务融资占比偏低，约为12%（张樱，2016；李栋栋，2016；杨鑫等，2018；何畅和王骁羿，2019；雷宇和曾雅卓，2019）。在此背景下，2019年7月，中共中央政治局会议提出“推进金融供给侧结构性改革，继续引导金融机构增加对制造业、民营企业的中长期融资”，此举已将债务期限结构问题上升到国家金融治理层面，成为深化金融供给侧结构性改革的重要标志。债务期限结构是债务契约的重要组成部分，是企业与金融机构双方均衡博弈的结果，那么，挖掘与分析中国资本市场债务期限结构失衡的潜在问题，为优化债务期限结构提供理论支持与微观经验证据，对推进金融供给侧结构性改革、促进资本市场融资行为规范均具有重要的现实意义。

综上，本书将探究与解读的问题为：其一，基于会计信息可比性影

① 资料来源：国家金融与发展实验室网站 .http：//www.nifd.cn/。

响因素的视角，管理层股权激励将对会计信息可比性产生何种影响效应，这一影响效应的微观路径与作用机理又是什么；其二，会计信息可比性将如何影响企业债务期限结构，这一影响效应的影响路径与作用机制是什么；其三，管理层股权激励在会计信息可比性对债务期限结构的影响效应中是否存在调节效应问题。同时，上述问题的研究具有重要的实践价值：其一，本书将深入探究股权激励在公司治理中的作用机理与微观影响路径问题，为资本市场上市公司正确运用管理层股权激励机制提升治理效果、提升企业价值提供理论支持与微观经验证据，并且有助于监管部门从管理层股权激励的角度制定规章制度从而提升资本市场信息披露质量。其二，将为推进金融供给侧结构性改革、均衡资本市场债务期限结构及提高企业长期债务融资问题提供理论支持，通过辨析会计信息可比性对债务期限结构的影响路径与作用机制，为监管部门及企业管理层提供制定政策与指导企业实践的理论参考及微观经验证据。

1.1.2 研究意义

1.理论意义

第一，从会计信息可比性这一角度拓展了管理层股权激励的经济后果研究。管理层股权激励的行权与企业业绩息息相关，而基于会计决策有用观，会计信息可比性能够帮助企业对投资项目进行比较、鉴别与价值评估，提高决策效率进而提升企业价值（De Franco 等，2011），并且能够对外部投资者和金融机构的信息传递与有效决策产生积极的促进作用（Chen 等，2018），帮助企业获得融资支持。那么，股权激励将如何影响企业会计信息可比性，既有文献尚未对此展开系统研究。本书从会计信息可比性这一角度拓展了管理层股权激励的经济后果研究，并且从“公司治理→经营行为→财务后果”的路径检验了管理层股权激励影响会计信息可比性过程中企业战略激进度作为中介效应的微观路径与作用机制，即拓展了企业战略激进度的经济后果研究，又有助于深入理解管理层股权激励对会计信息可比性影响的作用机理。

第二，从管理层股权激励这一新视角拓展了会计信息可比性影响因素的研究思路。公司治理与会计信息质量密切相关，而会计信息质量的高低直接关系到公司治理的成败。会计信息作为“公司治理结构的语言”体现了公司治理的机制与效果，但公司治理是涉及多学科、多层次且涵义比较宽泛的概念，鉴于股权激励作为一种长效机制在公司治理中发挥的重要作用，并且会计信息可比性可以通过提升股票流动性提升企业价值，在会计信息质量特征中，可比性在提升企业价值的作用方面是第一位的（李鹏等，2014）。因此，本书从管理层股权激励这一新视角拓展了会计信息可比性影响因素的研究思路并为此提供了微观的经验证据。

第三，沿着“会计信息可比性→盈余管理→债务期限结构”的研究思路检验会计信息可比性对债务期限结构的影响路径，同时检验在中国金融体制与金融市场改革后资本市场是否能够识别企业盈余管理行为这一问题；沿着“会计信息可比性→两类代理成本→债务期限结构”的研究路径，探究会计信息可比性对两类代理成本以及企业债务期限结构的影响路径以及作用机制。本书拓展了会计信息可比性对债务期限结构的影响效应的机制研究，深化了学术界对会计信息可比性与企业融资活动及债务期限结构关系的理论认知，弥补了现有研究文献的关注不足之处。此外，既有相关文献仅从银团贷款期限的视角研究会计信息可比性的影响效应（Fang 等，2016），其局限性在于，就研究对象而言，银团贷款仅为企业债务融资的组成部分之一，且不受资金规模限制，本身就具有低风险与筹资期限长的特征。中国对于会计信息可比性与债务期限结构关系的研究关注不足。本书将研究视角拓展至企业债务，并以始于2007年的中国金融体制与金融市场改革为背景，考察会计信息可比性对资本市场债务期限的影响效应，从这个角度看，本书进一步拓展了会计信息可比性的经济后果研究。

第四，探索了管理层股权激励在会计信息可比性对债务期限结构影响效应中的调节作用。本书揭示了管理层股权激励对会计信息可比性与债务期限结构关系影响的理论机制，通过实证研究方法深化了管理层股权激励、会计信息可比性与债务期限结构三者关系的理论认知，从会计信息可比性与债务期限结构关系的角度深化了管理层股权激励的经济后果研究，并且从股权激励与会计信息可比性的角度拓展了债务期限结构的影响因素研究。

2. 现实意义

第一，为上市公司实施管理层股权激励的治理机制提供理论支持与可行性路径。股权激励在中国的发展尚处于起步阶段，从20世纪90年代开始引入股权激励治理机制，到2006年《上市公司股权激励管理办法（试行）》出台，制度的规范性逐渐趋于完善，但由于发展时间较短，其实施效果是否将管理层与股东的利益有机结合发挥了积极作用仍有待检验。本书从“公司治理→经营行为→财务后果”（李维安，2011）的路径检验了管理层股权激励对企业会计信息可比性的影响效应。研究结果表明，首先，在确定管理层股权激励会对会计信息可比性产生重要影响效应的同时，应关注股权激励强度；运用股权激励机制缓解管理层与股东之间的代理问题时应避免过度激励对企业会计信息质量造成的负面影响。其次，应重视外部审计的监督与治理功能，审计师的高审计质量能够通过管理层股权激励动机识别企业盈余管理行为，缓解通过股权过度激励引起的高企业战略激进度对会计信息可比性造成的负面影响。这些为上市公司实施管理层股权激励这一公司治理机制提供了理论支持与可行性路径，为企业提高会计信息可比性提供了新的解释途径与有益的经验证据，同时，为监管部门从股权激励的角度提升资本市场信息披露质量提供了理论参考。此外，对于监管部门而言，了解管理层股权激励对企业会计信息可比性的微观影响路径与作用机理问题，有助于其从股权激励的角度完善资本市场信息披露制度，使监管工作有的放矢，提高监管效率。

第二，本书研究结论对深化金融供给侧结构性改革、合理调整资本市场债务期限结构具有启示意义，为落实中央提出的鼓励金融机构为制造业、民营企业提供中长期融资支持的决策提供了微观的经验证据。本书以会计信息质量重要特征之一的会计信息可比性作为切入点，从企业与金融机构双方的视角研究发现，会计可比性通过抑制企业盈余管理行为与两类代理成本对提高债务期限具有促进作用，且这一效应在非国有企业中更为显著。该结论为监管部门从会计信息可比性层面提高资本市场信息披露质量、防范资本市场债务风险、推进金融供给侧结构性改革、构建企业中长期债务融资机制和制度建设提供了理论依据。此外，为企业的债务期限结构决策提供了新的解释途径与有益的经验证据，为企业控制、治理代理成本，充分发挥会计信息可比性的信息传递与公司治理功能提供了借鉴与启发。

1.2 研究目标与研究思路

1.2.1 研究目标

1. 总体研究目标

本书研究的总体目标是：以公司治理的视角考察管理层股权激励如何影响企业会计信息可比性；以企业和金融机构的双重视角考察资本市场会计信息可比性如何影响债务期限结构；剖析管理层股权激励在会计信息可比性对债务期限结构影响效应中的调节作用，从而为上市公司从管理层股权激励的角度改善公司治理、提升资本市场信息披露质量；为监管部门金融供给侧结构性改革、防范资本市场债务风险提供理论参考与政策性建议。

2. 具体研究目标

（1）梳理与分析关于管理层股权激励的经济后果、会计信息可比性的影响因素与经济后果、资本市场债务期限结构的影响因素的研究文献，厘清现有研究文献在这些方面的不足之处，进一步明确本书的研究方向。

（2）基于最优契约理论、管理层权力理论、信息不对称理论以及委托代理理论，分析管理层股权激励对企业会计信息可比性的影响效应，会计信息可比性对资本市场债务期限结构的影响效应，以及管理层股权激励在会计信息可比性对债务期限结构影响效应中的调节作用。

（3）基于最优契约理论与管理层权力理论，以公司治理的视角考察管理层股权激励对企业会计信息可比性的影响效应，并且就“公司治理→经营行为→财务后果”（李维安，2011）的路径与机制问题探究微观影响机理。在此基础上，分别从企业行业特征、外部审计与企业所有权性质三个方面进一步探究其对管理层股权激励影响会计信息可比性作用的调节效应。

（4）基于信息不对称理论与委托代理理论，以企业与金融机构的双重视角考察资本市场会计信息可比性对债务期限结构的影响效应，并且就会计信息可比性→盈余管理（两类代理成本）→债务期限结构的路径与机制问题探究微观影响机理。在此基础上，考虑到不同所有权性质的企业在资本市场中普遍存在，还将基于产权理论继续检验企业所有权性质在会计信息可比性对债务期限结构影响效应中的调节作用。

（5）考察管理层股权激励在会计信息可比性对债务期限结构影响中的调节作用。探究管理层股权激励在会计信息可比性对债务期限结构的影响中是否存在调节作用并对调节作用进行辨析。

1.2.2 研究思路

本书的研究思路如下：

第一层次，研究基础。通过对既有研究文献的梳理、总结与评述，分析既有研究关注不足之处与存在的潜在问题，进而明确本书的研究目标与研究内容。

第二层次，理论研究。通过最优契约理论、管理层权力理论、信息不对称理论以及委托代理理论等基础理论，在界定基本概念的基础上，从理论上剖析管理层股权激励对企业会计信息可比性的影响效应、会计信息可比性对债务期限结构的影响效应，剖析管理层股权激励在会计信息可比性对债务期限结构影响效应中的调节作用并且构建基本理论框架。

第三层次，实证检验。管理层股权激励为经济学和管理学等多领域研究的热点与难点问题，多种理论的交织加剧了理论分析与实践检验的难度。相对于其他质量特征较为成熟的研究，会计信息可比性在定量测算上的困难导致这方面的研究尤其是实证研究较为匮乏，且其影响因素的研究在国内外研究文献中均不多见，仍处于研究的起步阶段。本书进一步借助上述理论，经过逻辑推演与归纳演绎提出研究假设并实证检验，结合定量分析法解读管理层股权激励对企业会计信息可比性的影响效应、微观路径以及作用机理问题，会计信息可比性对债务期限结构的影响效应、影响路径以及作用机制问题。在此基础上，进一步诠释管理层股权激励在会计信息可比性对债务期限结构的影响效应中是否具有调节作用，以及这一作用是否存在“壕沟效应”问题。

第四层次，研究结论与政策建议。就各部分的研究结论进行归纳并提出政策性建议。

本书研究框架如图1-1所示。

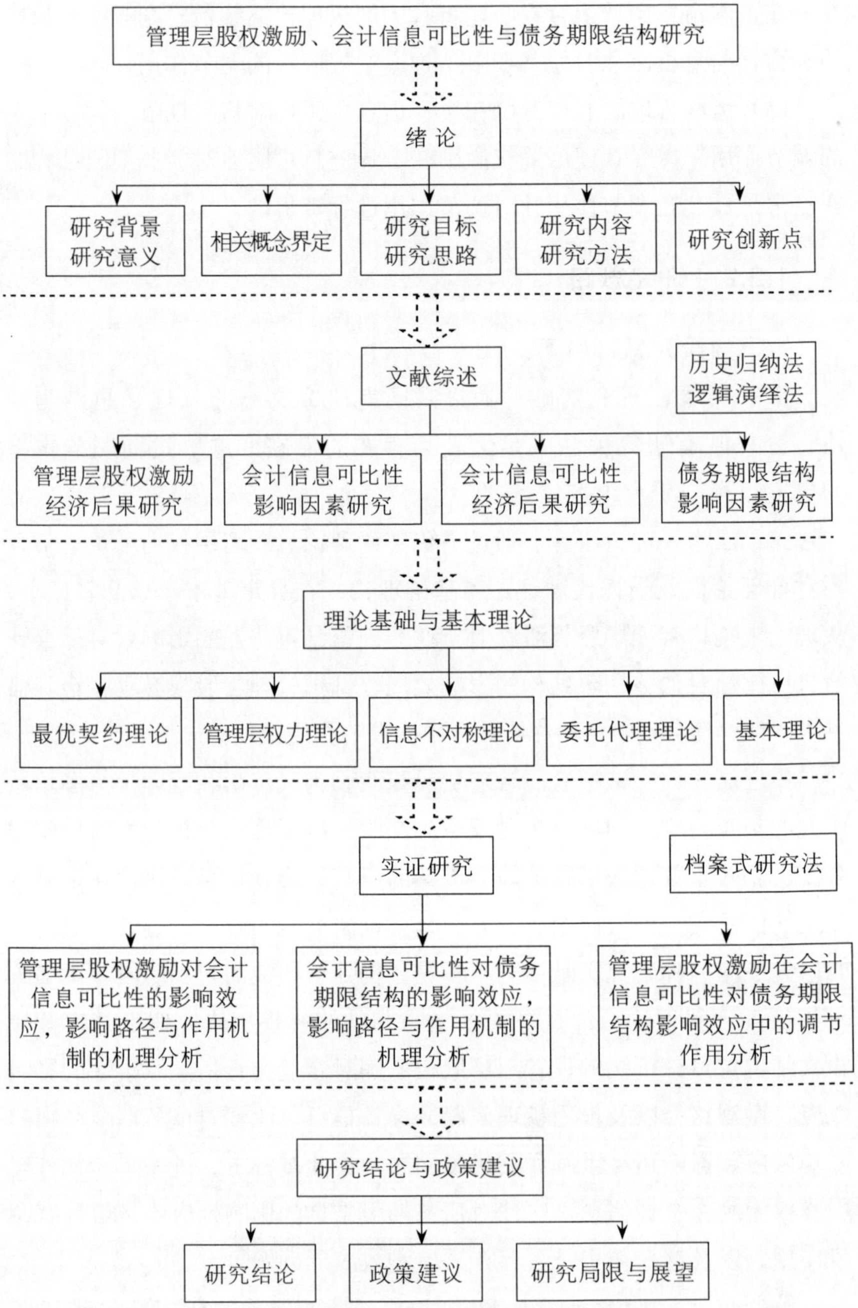

图1-1 研究框架

1.3 研究内容与研究方法

1.3.1 研究内容

本书共计7章内容，具体如下：

第1章，绪论。包括研究背景与研究意义、研究目标与研究思路、研究内容与研究方法、研究创新点。

第2章，文献综述。按照规范的文献统计方法梳理既有研究文献，首先，总结管理层股权激励的经济后果及其治理作用的研究文献；其次，对会计信息可比性的影响因素与经济后果相关文献进行综述与整理；再次，从宏观经济与行业层面、微观企业层面梳理债务期限结构的诱因研究文献；最后，对现有研究文献进行评述，阐述现有研究文献关注不足之处与本书研究的意义所在，进一步明确本书的研究方向。

第3章，理论基础与基本理论。阐述最优契约理论、管理层权力理论、信息不对称理论以及委托代理理论的基本内容；界定本书研究的基本概念并且演绎相关理论与三者（管理层股权激励对会计信息可比性的影响效应、会计信息可比性对债务期限结构的影响效应、管理层股权激励调节会计信息可比性对债务期限结构的影响效应）之间的基本逻辑关系，构建基本理论框架，以此为后续研究章节提供理论支持。

第4章，实证研究管理层股权激励对企业会计信息可比性的影响效应、微观路径以及作用机理问题。首先，基于最优契约理论与管理层权力理论，系统剖析管理层股权激励对会计信息可比性的影响效应，分析研究最优管理层股权激励强度持股比例问题；其次，进一步就这一影响效应的微观路径与作用机制进行分析研究，探究其微观机理问题；最后，分别从企业行业特征、外部审计与所有权性质三个方面进一步探究其对管理层股权激励影响会计信息可比性作用的调节效应。

第5章，实证研究会计信息可比性对债务期限结构的影响效应、影响路径以及作用机制问题。信息不对称理论与委托代理理论构成了本章研究的根基。首先，检验会计信息可比性对债务期限结构的影响效应；

在此基础上，进一步就这一影响效应的影响路径与作用机制进行分析研究，探究其机理问题；其次，因企业所有权性质的差异会对企业融资造成影响，进而影响会计信息可比性在金融机构信贷契约决策中的作用，所以，本章继续检验企业所有权性质在会计信息可比性对债务期限结构影响效应中的调节作用。

第6章，因不同的股权激励强度会对企业会计信息可比性和债务期限结构造成不同影响，因此，本章实证研究管理层股权激励在会计信息可比性对债务期限结构影响效应中的调节作用。首先，探究管理层股权激励在会计信息可比性对债务期限结构的影响效应中是否存在调节作用，若存在，将起到何种调节。其次，进一步地辨析这一调节作用是否存在"壕沟效应"问题。

第7章，研究结论与政策建议。阐述本书的研究结论并基于研究结论提出政策性建议，同时，阐明研究的局限性以及未来的研究方向。

1.3.2 研究方法

本书的研究方法具体如下：

1.规范分析与实证分析相结合

规范分析主要采用归纳总结法，梳理管理层股权激励的经济后果研究、会计信息可比性的影响因素与经济后果研究、企业债务期限结构的影响因素研究等领域的经典文献，并且进行评述与总结，从而形成本书的研究思路，文献整理主要采用NoteExpress完成。此外，基于逻辑推演与归纳演绎研究方法，就管理层股权激励对企业会计信息可比性的影响效应，会计信息可比性对债务期限结构的影响效应，管理层股权激励在会计信息可比性对债务期限结构影响效应中的调节作用，进行理论的逻辑推演与剖析，通过归纳总结，提出研究主题，遵循"立论→假设→检验"的研究逻辑与思路。然而，规范分析法受限于主观逻辑影响可能会偏离客观事实，有鉴于此，本书将在规范分析的基础上进一步构建计量模型，运用实证研究方法进行实证分析，包括普通最小二乘法多元回归、调节效应研究法、中介效应研究法、分组回归检验法等，以规范分析与实证分析相结合的研究方式增强研究结论的可靠性。

2. 定性分析与定量分析相结合

关于管理层股权激励、会计信息可比性与债务期限结构关系的研究，为确保研究结论的科学性，首先运用定性分析法剖析相关影响效应、探究影响路径与作用机制的微观机理，再运用定量分析方法来佐证上述影响。定性分析的研究起点与基础是第3章阐述的经典理论与既有研究文献；定量分析是在定性分析的基础上，通过对样本数据进行统计分析，就逻辑推演与归纳演绎的研究假设进一步定量检验。

1.4 研究创新点

第一，针对现有管理层股权激励对会计信息可比性影响效应研究关注不足这一问题，从会计信息可比性这一角度拓展了管理层股权激励的经济后果研究。实证研究了管理层股权激励对会计信息可比性的影响存在“壕沟效应”，作用呈倒U形关系，为证监会和企业推行股权激励机制提供了理论解释与新的经验证据。拓展了企业战略激进度的经济后果研究，从“公司治理→经营行为→财务后果”的路径检验了管理层股权激励影响会计信息可比性过程中企业战略激进度作为中介效应的微观影响路径与作用机制，有助于深入理解管理层股权激励对会计信息可比性影响效应的作用机理。从管理层股权激励这一新视角拓展了会计信息可比性影响因素的研究思路，为企业提高会计信息可比性提供了新的解释途径与理论支持。

第二，结合2007年中国金融体制与金融市场开始改革的背景，系统分析并揭示了会计可比性对债务期限结构的影响效应、影响路径以及作用机制。基于信息不对称理论与委托代理理论，以“会计信息可比性→盈余管理→债务期限结构”的研究思路检验会计信息可比性对债务期限结构的影响路径，同时检验在中国金融体制与金融市场改革后资本市场是否能够识别企业盈余管理行为这一问题；以“会计信息可比性→两类代理成本→债务期限结构”的研究路径，探究会计信息可比性对两类代理成本以及企业债务期限结构的影响机理；这些为会计信息可比性对债务期限结构的影响路径与作用机制提供了理论解释与经验证据，深化了学术界对会计信息可比性与企业融资活动及债务期限结构关系的理论认知，弥补了现有研究文献的不足之处。此外，还充分分析了企业所有权性质异质性对两者关系的影响效果，深化了企业所有权性质异质性维度内会计信息可比性对债务期限结构的影响效应研究。

第三，研究证实管理层股权激励对会计信息可比性与债务期限结构关系的调节作用。管理层股权激励会强化会计信息可比性对债务期限结构的影响效应，进一步地，若过度激励将会适得其反，形成股权激励调节作用的"壕沟效应"。从《上市公司股权激励管理办法（试行）》《国有控股上市公司（境内）实施股权激励试行办法》颁布实施至今，股权激励的制度建设与实践操作趋于规范化与纵深化，但管理层股权激励这一治理机制在中国尚处发展阶段，其广泛的影响效应与背后的作用路径及机理问题有待进一步探索。本书的研究结论从股权激励与会计信息可比性的角度拓展了资本市场债务期限结构的影响因素研究，且从会计信息可比性与债务期限结构关系的角度深化了管理层股权激励的经济后果研究。

2 文献综述

2.1 管理层股权激励的经济后果研究

2.1.1 管理层股权激励对企业治理与经营的影响研究

现有管理层股权激励对企业治理与经营影响的研究文献从企业治理、外部审计、企业生产经营与成长、企业绩效、企业价值、企业盈余管理、企业成本费用、企业创新能力、企业股利政策等方面展开。

1.管理层股权激励对企业治理的影响

首先，股权激励通过管理层与股东的“利益趋同”效应提高盈余质量与信息披露意愿从而提高企业信息透明度（付强等，2019），通过增加投资者实地调研的中介路径降低私有信息套利的空间（赵新杰，2019）；并且，由于控股股东对企业的“利益掏空”行为会通过增加经营风险与降低财务业绩影响管理层行权所获收益，那么，“利益趋同”效应会抑制控股股东的“利益掏空”行为。因此，管理层股权激励能够降低企业的两类代理成本，并且在金字塔形股权控制结构、控股股东所有权与控制权分离度高、所在地区市场化程度低的企业中，其抑制企业两类代理成本的影响效应更为显著（刘井建等，2020），Benmelech 等（2010）、Goldman 和 Slezak（2006）也得出类似的结论。但宋玉臣和李连伟（2017）却认为管理层股权激励是通过降低第一类代理成本提升企业治理效率，不会影响第二类代理成本。

其次，范圣然和陈志斌（2016）研究认为，股权激励的实施通过降低代理成本的中介路径降低企业现金流风险，即抑制了管理层利用现金流的寻租行为，但这一作用存在"壕沟效应"，呈 U 形关系，即在超过某一临界点后股权激励通过降低代理成本从而降低企业现金流风险的作用消退。也有部分学者如 Brown 和 Lee（2010）、Dong 等（2010）认为股权激励并未形成治理效应，而成为管理层进行利益侵占的"面具"。

最后，股权激励也具有企业外部治理效应，具体表现为实施股权激励计划通过吸引资本市场的关注缩小企业业绩与市场预期的差距，这一外部治理效应在企业董事长与总经理二职合一以及民营企业中更为显著（储溢泉等，2020）。

2. 管理层股权激励对外部审计的影响

管理层股权激励通过降低审计师感知的审计风险降低外部审计的投入与审计费用，并且有更高的概率获得标准无保留审计意见（粟立钟等，2019）。在影响机制方面，陈效东（2017）研究认为，管理层股权激励通过提高企业内部控制质量降低外部审计收费，外部审计作为监督与治理机制能够根据企业内部控制水平识别管理层的股权激励动机。倪小雅等（2017）研究认为，股权激励的实施通过管理层与股东的利益趋同减少企业激进的财务行为、降低财务错报风险，从而降低外部审计收费，但若管理层权力较高则会削弱股权激励对外部审计收费的负向影响效应。但李世辉等（2021）的研究却存在不同观点，这一研究认为股权激励会诱发管理层因行权因素进行寻租甚至舞弊的可能性，而外部审计却为提供合理保证承担风险而索取风险溢价，因此，管理层股权激励会提高外部审计收费。

3.管理层股权激励对企业生产经营与成长的影响

管理层股权激励通过提高研发创新能力这一中介路径提高企业全要素生产率（盛明泉和蒋世战，2019），抑制企业超额现金持有（刘井建等，2017）。由于异常关联方交易与企业绩效以及股票价值的提升相冲突，因此，股权激励因使管理层与股东利益趋同并且致力于提升企业绩效从而具有抑制企业异常关联方交易的作用（彭韶兵等，2021）。

4.管理层股权激励对企业绩效的影响

屈恩义和朱方明（2017）研究发现，股权激励的实施明显改善了企业经营业绩，企业净资产收益率与总资产收益率均有所提高。万里霜（2021）研究发现，管理层股权激励能够通过降低两类代理成本的中介路径显著提高企业绩效。Fama 和 Jensen（1983）、Stulz（1998）也得出类似的研究结论。如果将代理成本进一步划分，管理层股权激励会通过降低企业“显性代理成本”（道德风险）与“隐性代理成本”（投资不足造成业绩偏离）缓解代理冲突从而提升企业业绩（屈恩义和朱方明，2017）。在中介路径影响程度方面，管理层股权激励对企业绩效的直接路径影响效应为87.56%，通过代理成本与盈余管理的间接路径影响效应为12.44%（宋玉臣和李连伟，2017）。但也有部分学者的研究表明股权激励与企业绩效并无显著关系（Demset，1983；Shivdasani，2002；Kadan 和 Yang，2016），部分学者的研究表明股权激励与企业绩效存在倒U形关系（Haiyang 等，1993；Khanna 等，2005）。在财务绩效方面，股权激励可以帮助企业留住贤才并且降低人员流动速度从而提高企业财务绩效，但对财务绩效的影响效应存在滞后性，机制研究表明，股权激励提高财务绩效的中介路径为企业核心竞争力（张劲松与张含笑，2021）。

5.管理层股权激励对企业价值的影响

股权激励通过提高企业研发创新水平的中介路径与作用机制提高企业价值（Morgan 和 Poulsen，2001；唐勇军等，2020）。而 Morck 等（1988）、McConnell 和 Servaes（1995）的研究却认为，股权激励与企业价值呈现非线性的倒U形关系。刘傲琼和刘新宇（2016）以多元化企业的视角研究发现，管理层股权激励会通过促进多元化企业内部资本效率提升的中介路径提高多元化企业的价值，并且多元化程度较低的企业其股权激励对内部资本效率和企业价值提升的促进作用更为显著。

6.管理层股权激励对企业盈余管理的影响

实施股权激励提升了企业绩效，但却诱发了企业的真实盈余管理行为。因真实盈余管理行为具有不易被监管机构察觉的可能性，股权激励的实施与股权激励的强度均会使管理层通过操纵企业真实盈余管理行为而获得权益股份（张静和陈淑芳，2021）。实际上，企业在管理层股权激励方案实施前后均会进行盈余管理行为，且在实施前进行的盈余管理规模大于实施后（赵华伟，2017），Balsam 等（2003）、Bergstresser 和 Philippon（2006）的研究也得出类似的结论。就激励模式而言，相比于限制性股票的股权激励模式，股票期权的股权激励模式更容易诱发企业管理层的盈余管理行为，而管理层的货币性薪酬在股权激励对企业盈余管理的影响效应中存在倒U形调节作用（李苗和扈文秀，2020）。而较长的股权激励期限与高标准的行权条件则会减少管理层的盈余管理行为（许娟娟和陈志阳，2017）。基于分类转移盈余管理的视角，李星辰和姜英兵（2018）研究发现，股权激励的实施会诱发管理层的分类转移盈余管理行为，较长的激励期限与限制性股票的激励模式对分类转移盈余管理行为的影响效应更强。

7.管理层股权激励对企业成本费用的影响

股权激励能够抑制企业费用黏性，并且在控股股东与债权人监督力度较弱时这一影响效应尤为明显（梁上坤，2016）。肖永慧和段康（2020）以制造业企业为样本研究发现，股权激励通过缓解委托代理问题实现管理层与企业共享利益、共担风险的局面抑制企业成本费用黏性，而企业经济增加值（EVA）考核能够替代股权激励对成本费用黏性的抑制作用。此外，管理层股权激励能够缓解企业因需求不确定性引起的成本上涨，但这一缓解作用呈“壕沟效应”，即股权激励强度到达一定程度后会提高企业成本弹性（韦琳等，2021）。

8.管理层股权激励对企业创新能力的影响

徐生长等（2018）以2009—2013年A股上市公司为样本的研究发现，股权激励并没有提升企业的创新活动，认为股权激励方案有待改善。杨慧辉等（2020）基于终极控股股东两权匹配的视角研究发现，在终极控股股东的控制权与现金流量权匹配的公司治理环境中实施管理层股权激励将促进企业的创新能力，而其中控股股东的控制权越大，实施管理层股权激励对企业创新能力的正向影响效应越强；这一影响效应的作用机制为控股股东持有的大宗股权与按现金流量权分享收益的权益在一定程度上能够抑制管理层的寻租行为，从而强化股权激励对企业创新的促进效应。

9.管理层股权激励对企业股利政策的影响

刘磊等（2019）研究发现，实施股票期权与限制性股票两种激励模式的企业更倾向于发放现金股利，主要原因是基于信号传递理论，派发现金股利通过向资本市场传递利好信号导致企业未来股票价格上涨，并且通过降低期权行权价格可以降低管理层的行权成本，此外，现金分红还可以缓解限制性股票激励模式下管理层的资金流动性。Burns 等（2015）、Geiler 和 Rennboog（2016）、陈红和郭丹（2017）也得出类似的研究结论，但陈红和郭丹（2017）则认为限制性股票激励模式对企业现金股利的发放意愿与发放水平的影响效应更为显著。基于非效率投资的中介视角，唐建荣等（2021）却认为股权激励会通过提高企业非效率投资水平影响企业现金流量，从而降低企业股利政策的稳定性，而非效率投资水平在管理层股权激励对企业股利政策稳定性的影响中发挥遮掩效应。

2.1.2 管理层股权激励对企业投资与融资影响的研究

现有管理层股权激励对企业投资与融资影响的研究文献从企业风险承担、企业非效率投资、企业研发投资、企业融资与金融市场等方面展开。

1.管理层股权激励对企业风险承担的影响

实施股权激励能够提高企业的风险承担水平（Armstrong 和 Vashishtha，2012；朱琪等，2019），就影响机制而言，是通过提高企业的经营集中度和资产负债率而提高企业风险承担水平。（王栋和吴德胜，2016）。陈文强等（2020）研究发现在股权激励行权时间较长、业绩考核目标适中的情况下，股权激励存在风险承担效应，能够提高企业的风险承担水平，具体表现为提高企业债务融资水平与增加创新投入强度。此外，行权时间的限制能够强化业绩考核目标适中的情况下股权激励对企业风险承担水平的促进效应，缓解较高业绩考核目标情况下股权激励导致的企业风险规避效应。但仍存在不同的观点，李小荣和张瑞君（2014）研究认为，管理层股权激励对企业风险承担水平存在“壕沟效应”，呈倒U形关系。梁权熙和詹学斯（2016）的研究认为，股权激励对管理层薪酬-业绩的敏感性并不凸显，管理层会因为其个人财富风险分散因素降低企业风险承担水平。Parrino 等（2005）、Lord 和 Saito（2012）也得出类似的结论。而 Hayes 等（2012）的研究却认为股权激励对企业风险承担水平并无显著影响。

2.管理层股权激励对企业非效率投资的影响

管理层股权激励能够抑制企业的投资-现金流敏感性，并且激励强度越大这一抑制作用越为明显（张敦力和王艳华，2016）；同时，也缓解了企业投资不足并且抑制了过度投资行为，相比于限制性股票，股票期权对投资效率的影响效应更为显著（汤萱等，2017）。Panousi 和 Papanikolaou（2012）也得出类似的研究结论。无独有偶，结合代理成本的视角，李小娟（2017）研究发现，与限制性股票激励模式相比，股票期权的激励模式通过降低企业代理成本抑制非效率投资的作用更为显著。宋玉臣等（2017）研究发现，管理层股权激励提升了企业投资效率，其会抑制企业投资不足，却对过度投资存在“壕沟效应”，呈U形关系。孙凤娥等（2019）利用面板门槛效应模型研究股权激励对企业过度投资行为的非线性影响效应却发现，当管理层持股比例低于某一临界点时股权激励能够抑制企业的过度投资行为，当管理层持股比例高于某一临界点时抑制作用并不显著。但唐雨虹等（2017）却得出不同的研究结论，其研究认为股权激励的实施缓解了企业的投资不足，却加剧了过度投资行为并且没有约束管理层的在职消费行为，业绩改善也并不显著。

3.管理层股权激励对企业研发投资的影响

股权激励的实施能够提高企业研发投资水平，相对于限制性股票而言，股票期权的激励模式对研发投资的促进效应更为显著（Ghosh 等，

2007；孙菁等，2016）。而Ryan和Wiggins（2002）的研究却认为股票期权促进研发投资，而限制性股票抑制研发投资。结合企业所有权性质因素进行研究，民营企业的股权激励将促进企业的研发投资强度，而国有股权份额较大的国有企业因业绩评价机制与股权激励有效性均受到限制从而降低了股权激励对研发投资强度的促进效应。此外，企业决策集权程度偏高会诱发管理层寻租动机，同样会降低股权激励对研发投资强度的促进效应（王超发和孙静春，2020）。陈鹏程（2020）基于管理层股权激励与核心员工股权激励的差距视角研究发现，管理层股权激励会增加企业的研发投资，但企业管理层与核心员工之间的股权激励水平差距较大却抑制了其对核心员工的激励效应，从而降低企业研发产出。

4.管理层股权激励对企业融资的影响

股权激励的实施通过提升企业风险承担水平、增加盈余管理与财务操纵行为，提高企业融资约束程度（何孝星和叶展，2017）。Ortiz-Molina（2006）、Liu和Mauer（2011）也得出类似的研究结论。而黄生权和唐小敏（2020）以战略性新兴产业为样本研究却认为，管理层股权激励能够通过促进管理层与股东的利益趋同降低企业代理成本、通过向资本市场传递战略性新兴产业发展前景的机制缓解企业融资约束程度，而企业高质量的内部控制通过有效监督为实施股权激励提供良好的公司治理环境，从而能够强化股权激励对企业融资约束的负向影响效应。基于债务融资的视角，管理层股权激励通过其风险承担效应与可能的寻租行为提高企业债信用利差，并且企业产品市场竞争程度会强化这一作用（邱杨茜和叶展，2019）。洪峰和戴文涛（2018）研究发现，金融机构为规避风险对管理层股权激励的实施予以负面评价，表现为缩短债务期限与提高债务融资成本。Ortiz-Molina（2006）、Shuto和Kitagawa（2011）也得出类似的结论。胡国强和盖地（2014）则认为，提高管理层股权激励强度有助于增加企业的借款规模，主要体现在短期借款层面。结合企业所有权性质因素进行研究，杨慧辉等（2018）研究发现，国有企业实施股权激励后会增加其债务规模、提高债务融资成本并且延长债务期限。对于民营企业而言，若终极控股股东控制权与现金流量权匹配，实施股权激励后会增加债务规模、降低债务融资成本并且延长债务期限；

若终极控股股东控制权与现金流量权分离，实施股权激励后则会面临金融机构严苛的债务契约而减少债务规模、提高债务融资成本并且缩短债务期限，即两权匹配在公司治理中发挥了监督效应。基于股权融资的视角，股权激励引起的管理层盈余管理等财务操控行为会增加企业的股价崩盘风险，但企业控股股东控制权和企业成长性的提升则会弱化这一影响效应（何孝星和叶展，2017）。周嘉南和雷霆（2014）研究认为，中国管理层股权激励并没有起到预期的治理效果，却通过增加代理成本与企业盈余管理行为以及二者的相互作用提高了权益资本成本。就对权益资本成本的影响路径而言，雷霆和周嘉南（2014）研究发现，实施股权激励通过扩大管理层内部薪酬差距的路径提高了权益资本成本。

5. 管理层股权激励对金融市场的影响

管理层股权激励对企业每股收益的影响存在“壕沟效应”，呈倒U形关系（范合君和初梓豪，2013），而实施限制性股票激励模式会对企业股票价格产生积极的推动作用并且正向影响金融市场（宁薛平和沈悦（2019）。此外，股权激励能够通过为企业带来增量信息与增量声誉从而获得资本市场的认可，吸引分析师的关注（何凯和王瑞华，2015）。基于企业未来盈余定价的视角，管理层股权激励通过提高企业盈余质量与资源披露动机进而提升企业股票收益率与未来盈余的相关性（付强等，2020）。

2.2 会计信息可比性的影响因素研究

2.2.1 影响会计信息可比性的企业内部因素

会计信息可比性与其他治理特征类似，是由影响企业管理层和审计师行为的经济因素、治理因素与政治因素等构成的一种成本效益的权衡（Ball 等，2003；Holthausen，2003），现有影响会计信息可比性的企业内部因素的研究文献从公司治理、企业经营两方面展开。

1. 公司治理因素对会计信息可比性的影响

现有文献从内部控制、机构投资者、控股股东、独立董事和管理层等方面开展研究。

基于公司治理整体视角，胡志勇等（2019）采用结构方程模型对公司治理与会计信息可比性两者之间关系进行研究，认为公司治理效应会显著影响会计信息可比性，公司治理结构越为完善有效，会计信息可比性越高；且相较于公司内部治理，外部治理对会计信息可比性的影响效应更强。但公司治理为较复杂的管理体系，就具体的公司治理因素而言，王迪等（2019）基于“企业内部控制→会计信息可比性→分析师行为”的研究路径，发现企业内部控制可以有效提高会计信息可比性，进而影响分析师的预测行为；并且，会计信息可比性发挥的这一作用与会计信息可靠性相比具有增量解释力。

Vivian 等（2015）研究发现外国机构投资者持股能够提高全球会计信息可比性，而就单一资本市场而言，孙光国和杨金凤（2017）就机构投资者对会计信息可比性影响的渠道与路径开展研究，研究发现机构投资者持股通过发挥信息中介效应影响会计信息可比性，企业为满足其投资需求会努力提高会计信息可比性，机构投资者持股比例越高，会计信息可比性越高。周微等（2021）认为机构投资者交叉持股通过减少行业竞争加强合作、降低专有信息披露成本、发挥治理功能抑制管理层寻租行为与发挥信息中介作用提高会计信息可比性。就风险投资机构而言，风险投资机构参与公司治理同样会提高企业的会计信息可比性，其作用机制在于风险投资机构能够发挥监督与治理功能抑制企业管理层的信息操控行为，并且能够提供行业经验规范会计处理行为从而提高会计信息可比性（李璐和姚海鑫，2019）。

就控股股东而言，王宇峰和刘颖（2019）研究发现，控股股东股权质押会降低企业会计信息可比性，控股股东为规避监督管理，维持企业股票价格稳定而进行盈余管理行为是这一影响效应的内在动机与路径，但具有行业专长的会计师事务所审计会降低这一负面影响效应。另一方面，基于风险防范的视角，田高良等（2020）却得出相反的结论，其认为在股权质押融资时，金融机构会对企业的经营信息与披露行为进行监督并且具有高会计信息可比性诉求，而控股股东为缓解企业融资约束会将这一诉求诉诸管理层从而提高企业会计信息可比性。

就独立董事而言，刘斌等（2019）基于董事网络视角研究独立董事对会计信息可比性的影响效应，发现存在独立董事的连锁企业间会计信息可比性更高，其作用机制为独立董事能够使连锁企业间的会计政策与会计估计区间等更加趋同从而提高会计信息可比性；并且兼任企业数目较多、有会计师事务所经验以及在审计委员会任职的独立董事会进一步提高连锁企业间的会计信息可比性。

就管理层而言，周晓苏等（2017）基于组织间模仿视角研究企业管理层联结对会计信息可比性的影响效应与机制，发现管理层联结会提高企业间的会计信息可比性，其作用机制为管理层联结会增强企业选择会计政策与估计区间的相似性，形成结构相似的企业盈余从而提高会计信息可比性，值得注意的是，首席财务执行官CFO联结对提高会计信息可比性的影响效应更为显著。而过度自信的管理层会高估企业经营收益，低估预期风险，其会提高会计信息可比性以改善企业信息环境缓解融资约束，因此，管理层过度自信程度越高，会计信息可比性越高；并且在高新技术行业、高媒体关注度与融资约束的企业中，这一影响效应更强（张晓和肖志超，2018）。陈国辉和殷健（2018）依据高阶梯队理论研究发现，当CFO具有较高企业地位或较高的财务理论水平，或者CFO的任职经验越丰富，企业会计信息可比性越高。陈国辉和殷健（2018）同时发现，具有财务背景任职期限越长的CEO会因寻租动机与行为忽视会计行为规范，从而降低企业会计信息可比性，但聘用的审计师的丰富审计经验会弱化CEO任职期限对会计信息可比性的负面影响效应。企业CEO的变更会引起离任和继任CEO基于企业业绩与声誉动机改变会计政策与会计估计区间从而降低企业会计信息可比性，这一影响效应在国有企业中更为显著（张雯弱，2017）。此外，因薪酬与业绩具有高度敏感性，管理层会通过操控企业财务业绩为其进行“薪酬辩护”，尤其为超额薪酬提供辩护理由，因此降低企业会计信息可比性（张勇，2020）。

2. 企业经营对会计信息可比性的影响

张先治等（2018）基于企业战略偏离度的视角研究发现，企业战略偏离于行业常规战略经营所引发的经营风险使管理层在会计政策与会计估计区间上需要更多的选择判断，基于会计信息系统论，这可能导致会计信息加工规则异化从而降低会计信息可比性，但企业高质量的内部控制却会降低公司战略偏离度对会计信息可比性的负面影响效应。就关联方交易而言，外部监督力量较弱的企业异常关联方交易较多，这会降低会计信息可比性，但机构投资者、分析师跟踪与法制环境的治理机制却能够抑制异常关联方交易对会计信息可比性的负面影响效应（张勇，2018）。就供应链与客户集中度而言，在法制环境较差的地区，企业供应链集中程度与会计信息可比性呈现显著负相关关系，高供应链集中度会降低企业会计信息可比性，较强的法制环境通过提高企业违规披露的处罚成本抑制高供应链集中度对会计信息可比性的负面影响效应（方红星等，2017）。高客户集中度会降低企业会计信息可比性，其作用机制是，高客户集中度会使管理层具有信息披露专有性成本较高及大客户“敲竹杠”风险的双重压力，从而弱化管理层的财务信息披露动机进而降低企业会计信息可比性；并且，较高的企业内部治理水平会弱化高客户集中度对会计信息可比性的这一负向影响效应（张永杰和潘临，2018）。

2.2.2 影响会计信息可比性的企业外部因素

现有影响会计信息可比性的企业外部因素的研究文献从外部审计、企业外部市场环境、会计准则趋同、股票市场、税收与商业报告语言等方面展开。

1.外部审计对会计信息可比性的影响

就会计师事务所而言，谢盛纹和王清（2016）强调行业专长的重要性，认为会计师事务所的行业专长能够提高企业会计信息可比性，当外部审计聘请拥有行业专长的事务所时，被审计企业的会计信息可比性要高于其他企业。彭雯和张立民（2020）基于中国会计师事务所在美国公众公司会计监督委员会（CPAOB）注册的视角研究，发现中国会计师事务所在CPAOB注册会提高被审计企业的会计信息可比性，且声誉高、国际化程度高的会计师事务所为了维护国际声誉会提高独立性水平，提高审计质量，进而对被审计企业的会计信息可比性提高作用更为显著。

杨金凤等（2017）基于会计师事务所合并的视角研究，发现中国前十大会计师事务所合并后，通过利用管理与审计技术整合的优势显著提高被审计企业的会计信息可比性。Ye 等（2016）也得出类似结论。但谢盛纹等（2017）认为，会计师事务所或审计师对被审计企业的经济依赖性较强时，会影响审计师治理职能的发挥，使其倾向于满足被审计企业的需求，降低审计职业标准从而降低企业的会计信息可比性。

就审计师而言，潘临等（2019）强调审计师执业经验的重要性，认为审计师丰富的执业经验能够提高企业会计信息可比性，但随着企业内部控制质量的提升与机构投资者持股比例的增加，执业经验丰富的审计师对提高企业会计信息可比性的促进作用降低。而审计师的审计风格同样影响会计信息可比性（Francis 等，2014）。基于审计师流动的视角，曹强等（2016）以 1998—2012 年中国会计师事务所合并事件为研究背景，发现审计师流动形成审计风格的转变是影响会计信息可比性的重要因素之一，在会计师事务所合并前，不同审计师群审计的企业之间应计利润可比性较差，而在合并后，不同审计师群审计的企业之间会计信息可比性显著提高。类似的研究，谢盛纹和刘杨晖（2016）以审计师变更的视角，发现审计师变更会降低被审计企业会计信息可比性，前任审计师任职期限越长，审计师变更降低会计信息可比性的影响效应越显著，但随着新任审计师任职期限的增加，被审计企业会计信息可比性会逐渐恢复。

2. 企业外部市场环境对会计信息可比性的影响

产品市场竞争通过增加企业竞争专有性成本与管理层盈余管理压力降低企业会计信息可比性，并且当企业研发投入高、审计质量与投资者保护度低时，这一影响效应更为显著（袁知柱等，2017），Seavey 等（2016）也得出类似的结论。潘临等（2017）研究发现，环境不确定性通过增加企业的经营风险与财务风险增加管理层的盈余操控动机与寻租行为，使管理层采取有利于其利益或者企业目标实现的酌量性会计处理方法，这与经济事项和准则规定的会计处理方式相背离从而降低企业会计信息可比性；但高质量内部控制会降低环境不确定性对会计信息可比性的负面影响效应。财务报告问询函是资本市场监管制度之一，它可以通过抑制管理层的寻租行为、降低信息不对称性与增加企业违规成本提高会计信息可比性，并且财务报告问询函对行业内未收函企业、具有审计与董事联结关系的未收函企业的会计信息可比性具有溢出效应（翟淑萍等，2020）。

就投资者而言，企业所在地区的高投资者保护程度通过抑制管理层操控盈余行为和增加会计信息诉讼成本，使管理层遵守会计准则信息披露要求从而提高会计信息可比性（袁知柱和侯乃堃，2017）。就投资者实地调研的频度、广度以及深度等多视角看，投资者实地调研活动可通过监督管理层的盈余管理行为提高企业会计信息可比性，并且投资者实地调研能够缓解较差的企业内部信息环境对会计信息可比性的负面影响效应（张勇，2018）。

3.会计准则趋同对会计信息可比性的影响

杨忠海和张前前（2016）研究发现，在2007年中国会计准则与国际趋同后资本市场会计信息可比性显著提高，且会计信息可比性与盈余管理存在相互影响关系，即盈余管理行为通过降低企业信息透明度降低会计信息可比性，高会计信息可比性通过发挥治理机制抑制企业应计盈余管理行为。而会计准则的国际性趋同能够使本国企业与非本国企业的会计信息更具可比性（Rahman 等，1996； Li 等，2010；De France 等，2011；Barth 等，2012；Yip 和 Young，2012；Brochet 等，2013；Wang，2014），Cascino 和 Gassen（2015）在此基础上进一步研究认为这取决于管理层对国际财务报告准则的执行程度。但Lang 等（2010）却得出相反的结论，其研究认为强制采用国际财务报告准则会增加企业跨国收益的波动性，但相对于未采用国际财务报告准则的企业而言，采用国际财务报告准则的企业并没有提高会计信息可比性，因为这更多地受管理层决策动机这一因素的影响。Schipper（2005）、Lang 等（2006）也得出类似的结论。此外，易阳等（2017）发现会计准则的趋同显著提高中国资本市场A股、H股以及港股企业的会计信息可比性，且A股企业所在地区投资者保护程度越低，准则趋同提高会计信息可比性的促进效应越强。

4.股票市场对会计信息可比性的影响

沪港股票市场交易互通互联机制可通过增加境外投资者数量改善企

业治理机制并且约束管理层盈余管理动机与行为，从而提高会计信息可比性（刘焱等，2020）。

5.税收对会计信息可比性的影响

张勇（2018）以关联方交易的视角研究税收征管活动对会计信息可比性的影响，研究发现异常关联方交易能够降低企业会计信息可比性，但税收征管通过发挥监督治理机制和信息中介效应能够有效抑制异常关联方交易对企业会计信息可比性的负面影响效应。

6.商业报告语言对会计信息可比性的影响

李青原和王露萌（2019）以企业可扩展商业报告语言（XBRL）作为准自然实验，研究发现企业实施可扩展商业报告语言（XBRL）会提高会计信息可比性，其对盈余管理的抑制效应是提高会计信息可比性的一个作用机制，并且企业面临的产品市场竞争越激烈，可扩展商业报告语言（XBRL）对提高会计信息可比性的促进效应越强。

2.3 会计信息可比性的经济后果研究

2.3.1 会计信息可比性对资本市场与企业投融资的影响

现有会计信息可比性对资本市场与企业投融资影响的研究文献从资本市场业绩预告、股票市场与信息含量、企业投资、企业并购以及企业融资等方面展开。

1.会计信息可比性对资本市场业绩预告的影响

陈翔宇等（2015）研究发现，会计信息可比性与企业管理层业绩预告精准度呈正相关关系，高会计信息可比性会提高管理层业绩预告的精准性，而企业良好的内部与外部信息环境能够增强会计信息可比性对管理层业绩预告精准性的影响效应。在此基础上，李青原和王露萌（2020）研究发现，会计信息可比性通过增加盈余信息含量对资本市场业绩预告产生信息外溢效应，企业业绩预告对行业内部其他企业的市场反映具有解释力度，这表明会计信息可比性具有促进公司间信息传递的效应；而且，在市场竞争程度较高，预告企业信息透明度较高或非预告企业信息透明度较低时，高会计信息可比性产生的业绩预告信息外溢效应越为明显。此外，会计信息可比性决定着企业营业收入预测准确度（万鹏等，2015）。

2. 会计信息可比性对股票市场与信息含量的影响

会计信息可比性能够提高资本市场内部效率（Cheng 和 Wu，2018），对于股票市场而言，它可以降低股票市场中基于内部信息的非正常收益（Brochet 等，2013）。在强制采用国际财务报告准则后，高会计信息可比性通过提高企业股票流动性与改善分析师预测环境显著提升了企业价值，同时，在会计信息质量特征中，会计信息可比性在提升企业价值方面的影响效应是第一位的，而会计应计质量的影响效应为第二位（李鹏等，2014；Armstrong 等，2010；Drake 等，2010）。提高会计信息可比性能够使企业财务信息在投资者之间分布均衡，减少意见分歧（郑琪和李常安，2017）。高会计信息可比性能够显著提升企业股价信息含量，其作用机制是，会计信息可比性可以帮助投资者降低企业层面的信息获取成本，提高知情交易比例使股价包含更多企业层面的信息，并且降低股价同步性从而提升股价信息含量。而当投资者保护程度较弱时，会计信息可比性对股价信息含量的影响效应更为显著（袁媛等，2019）。此外，会计信息可比性可以增加盈余信息含量和发挥信息溢出效应，这有利于公众投资者对股票价格形成合理预期从而缓解股价漂移现象（杜妍和王生年，2021），同时，帮助承销商更好地对增发股票企业估值，降低增发抑价水平（Shane 等，2013）。因此，高会计信息可比性能够抑制未来股价的跌停次数，从而降低股价崩盘风险（江轩宇，2015；Kim 等，2016）。就新三板企业（中小企业股份转让系统挂牌的非上市公众企业）定向增发而言，高会计信息可比性能够吸引参加定向增发新认购的投资者并且提高定向增发的市盈率（P/E）与市净率（P/B）。

3. 会计信息可比性对企业投资的影响

基于投资者信息需求的研究视角，会计信息可比性通过帮助投资者选择参照对象与降低信息加工成本，在投资者获取和利用财务信息判断企业价值的过程中，发挥着重要的信息传递作用（鲁威朝等，2019；

Chen 等，2014；Wang，2014；Horton 等，2013）；并且能够帮助分析师提高企业盈余预测精准度（Bae 等，2008；De Franco 等，2011；Byard 等，2011）。对于企业而言，企业在进行外部投资时，精准与清晰的信息传递会帮助管理层理解所投资行业的需求、投资成本以及竞争者的战略类型，从而确定投资的相对价值并识别潜在风险，提高企业投资效率（袁振超和饶品贵，2018；Chen 等，2013），这表明会计信息可比性具有的资源配置作用。总体来说，会计信息可比性会对企业资源配置产生作用的机理是通过减少企业治理成本与融资成本抑制过度投资与投资不足问题（Bushman 和 Smith，2001；Healy 和 Palepu，2011）。基于此，袁知柱和张小曼（2020）研究发现，高会计信息可比性可以帮助股东精准掌握企业的经营成果与财务状况，以此制约管理层为谋取私利进行的过度投资行为，或监督管理层为谋取私利放弃净现值为正的投资项目的投资不足行为，从而提高投资效率；同时，企业信息透明度可以替代会计信息可比性对过度投资与投资不足起到抑制作用。De Fond 等（2011）通过研究2005年欧盟强制采用国际财务报告准则这一事件，发现采用国际财务报告准则提高了会计信息可比性的同时，企业还会提高外国资本的投资比例，增加外国基金共同所有权。

4.会计信息可比性对企业并购的影响

当企业进行并购时，会计信息可比性有利于提高企业并购价值评估的准确性与可靠性（Young 和 Zeng，2015），此外，资本市场并购中的高会计信息可比性会降低并购溢价、并购后的商誉损失与资产剥离的可能性，有利于提升并购协同效应，降低并购风险（Chen 等，2018）；并且，其通过降低并购不确定性增加股东的长期财富。这表明会计信息可比性在企业并购的价值创造中发挥着重要作用，而从环境的视角看，高会计信息可比性还会降低并购方面临的环境不确定性（刘睿智等，2015）。

5.会计信息可比性对企业融资的影响

Kim 等（2016）的研究表明，高会计信息可比性会降低企业的信用风险，缓解融资约束。明泽和潘颉（2018）基于企业生命周期的视角研究发现，在企业发展处于成长期以及成熟期阶段，会计信息可比性对企业融资约束具有缓解作用，会计信息可比性越高，企业融资约束程度越低。而对于市场地位较低、行业竞争程度较高的企业而言，会计信息可比性可以促进企业商业信用融资水平的提升，同样缓解融资约束问题（张勇，2017）。对于股权融资而言，Li（2010）基于1995—2006年欧盟6 456家企业样本，研究发现国际财务报告准则强制实施会降低企业权益融资成本，而增加信息披露与会计信息可比性是降低股权融资成本的两种路径机制，但这却取决于欧盟各国家的法律执行程度。Imhof等（2017）研究发现，高会计信息可比性与更低的权益资本成本正相关，且对于在股权交易市场中竞争力较弱的企业，投资者从其会计信息可比性这一特征中将会获益更多信息。张春华（2019）研究发现，会计信息可比性会通过提高企业股票流动性对股权融资成本产生影响效应，会计信息可比性与股权融资成本负相关，而企业面临的环境不确定性会削弱会计信息可比性对股权融资成本的影响效应。而张永杰等（2019）则认为会计信息可比性对股权融资成本影响效应的中介机制为信息不对称程度，会计信息可比性通过缓解企业内外部信息不对称程度降低股权融资成本；且信息不对称程度越高，会计信息可比性能够降低股权融资成本的影响效应越强。对于债务融资而言，Kim（2013）的研究基于债券市场，以穆迪信用评级开发了债券市场参与者相关的可比性度量会计信息可比性，研究发现高会计信息可比性会降低债券的买卖价差以及债券的信用违约风险。黄波（2020）研究发现，会计信息可比性通过降低企业信息不对称程度与两类代理成本从而会降低企业债券信用利差，但良好的法制环境会削弱这一影响效应。Fang等（2016）则以美国上市公司的银团贷款为研究样本，研究发现会计信息可比性与银团贷款利差及抵押担保物的可能性负相关，与银团贷款期限以及银团贷款合同中包含绩效定价条款的可能性正相关。

2.3.2 会计信息可比性对企业经营与治理的影响

现有会计信息可比性对企业经营与治理影响的研究文献从外部审计、薪酬契约有效性、企业盈余管理、企业避税行为、企业资产错误定价与企业创新等方面展开。

1.会计信息可比性对外部审计的影响

在外部审计影响方面，美国注册会计师协会在《审计准则说明书（SAS）56号》中阐明，在风险导向审计中，审计分析程序能够识别企业的财务状况与盈利能力异常变化，从而提高审计效率并且节约审计资源，而审计分析程序的适当性却取决于企业会计信息可比性（AICAP，2005）。提高会计信息可比性能够提升审计师的审计效率（Kang 等，2015；Zhang，2018），会计信息可比性还能够影响审计师的审计决策，低会计信息可比性会通过增加审计师的审计风险与诉讼风险，引发企业管理层与审计师之间的意见分歧，从而增加企业变更审计师事务所的概率；另一方面，低会计信息可比性引发的审计风险会增加审计师事务所收取的审计费用，并增加其出具非标准审计意见的可能性（谢盛纹等，2017）。而陈玥和江轩宇（2017）的研究则认为，会计信息可比性对审计收费的影响存在双重路径，基于信息环境而言，高会计信息可比性通过改善企业信息环境降低审计风险并且提高审计效率，从而降低审计收费；基于代理问题而言，低会计信息可比性可能隐藏管理层更为隐蔽的寻租行为，增加审计的复杂性与诉讼风险，从而增加审计收费，但基于资本市场A股上市公司的数据发现，在这一影响中信息环境效应占主导地位。在审计时滞方面，袁振超和韦小泉（2018）则认为片面追求高会计信息可比性会导致企业提供的财务信息与其他企业更为相似，这可能影响信息的客观公正性，而审计师需要付出更多的时间与精力剔除这一部分审计风险，所以高会计信息可比性会延长审计师出具审计报告的时滞；但行业专长水平较高的审计师能够降低会计信息可比性对审计时滞的影响效应。

2.会计信息可比性对薪酬契约有效性的影响

张列柯等（2019）、Ozkan 等（2012）基于薪酬业绩敏感性的视角发现，会计信息可比性是影响企业管理层薪酬契约有效性的重要影响因素，高会计信息可比性通过促进契约的执行与监督，制约管理层的懈怠和寻租行为，从而降低企业内部信息不对称、提升管理层薪酬契约的有效性，并且企业的高信息不对称程度会加剧这一影响效应。但就国有企业而言，其行政干预却限制了会计信息可比性提升管理层薪酬契约有效性的影响效应。Lobo 等（2018）也得到类似的结论。

3.会计信息可比性对企业盈余管理的影响

会计信息可比性能够抑制企业应计盈余管理行为，但却增加了真实盈余管理行为，这会使管理层的管理活动从应计盈余管理行为转向真实盈余管理行为。在管理层薪酬较高的情况下，这种转变趋势更为明显，但高股权集中度、规范的监管与高信息披露质量会缓解管理层增加真实盈余管理行为的趋势（胥朝阳和刘睿智，2014；Sohn，2016；Kim 等，2018）。而 Ahmed 等（2013）通过对20个国家强制采用国际财务报告准则的研究发现，采用国际财务报告准则提高会计信息可比性后企业具有更高的盈余平滑度与激进度以及降低了确认损失的积极性。Choi 等（2019）研究发现，会计信息可比性通过降低投资者搜集与处理企业特定信息的成本提高股价中的盈余信息含量，从而提高企业未来盈余的反应系数。

4.会计信息可比性对企业避税行为的影响

李青原和王露萌（2019）以资本市场非金融上市公司为样本，研究发现会计信息可比性会对企业避税行为产生影响效应，其通过企业间的信息溢出效应为资本市场理解和判断企业的经济业务事项提供增量信息，增强企业信息透明度从而抑制避税行为的代理成本，使企业避税活动难以实施；在信息不对称程度较低与产品市场竞争程度较高的企业中，会计信息可比性对避税行为的抑制效应更为显著。

5.会计信息可比性对企业资产错误定价的影响

聂萍和周欣（2019）研究发现，会计信息可比性能够降低企业资产错误定价程度，其作用机制是，会计信息可比性通过提高分析师预测盈利能力精准性从而改善企业资产错误定价程度；并且在环境不确定性较高和投资者异质性信念较大的情况下，会计信息可比性降低企业资产错误定价的影响效应更为明显。

6.会计信息可比性对企业创新的影响

会计信息可比性是影响企业创新的重要因素之一，其通过缓解企业信息不对称、代理冲突以及降低融资约束，改善企业创新意愿，促进企业创新；而随着信息不对称程度、代理成本与融资约束程度的提高，会计信息可比性对企业创新的促进效应会更为明显（江轩宇等，2017）。此外，高会计信息可比性的环境有利于企业通过从行业竞争者中获取创新活动的相关信息从而做出高质量的创新决策（Chircop 和 Hass，2016）。

2.4 债务期限结构的影响因素研究

2.4.1 影响企业债务期限结构的宏观与行业因素

现有企业债务期限结构的宏观与行业影响因素的研究文献从宏观经济、货币政策与利率、社会资本、市场环境与行业、政府干预与分权、非正式制度与税收等方面展开。

1.宏观经济因素

宏观经济与企业债务期限结构存在长期均衡关系，提高宏观税负水平、广义货币增长率、经济增长水平与金融机构发达程度会增加企业长期债务融资水平，通货膨胀率升高则会降低长期债务融资水平（齐欣林，2013）。何畅和王骁羿（2019）、Aarstol（2000）也得出类似的结论。就宏观政策与区域经济而言，宽松的货币政策和区域经济发展水平均与企业短期债务占比正相关，并且区域经济发展水平会负向调节宽松的货币政策与企业短期债务占比之间的正向关系，即区域经济发展水平与宽松货币政策之间存在替代效应（张长海等，2016）。

2.货币政策与利率因素

基于地方政府质量的视角，当货币政策紧缩时，企业所在地区高政府质量对提高长期债务融资水平具有促进作用，但国有企业的债务融资期限受政府质量的影响程度会随着终极控制人行政级别的提高而减弱（黄菊英和巫昊旻，2014）。提高名义利率通过增加债务融资成本缩短企业债务期限，提高通货膨胀率通过增加债务融资的代理成本缩短企业债务期限，而提高实际利率对提高企业长期债务融资水平具有促进作用（王克岭等，2015）。此外，放松利率管制会通过调整贷款利率水平实现金融风险与资本成本的匹配进而影响企业债务期限，放松利率管制会抑制企业的过度负债行为且提高企业长期债务融资水平（王红建等，2018）。

3.社会资本因素

政府与社会资本合作会影响企业债务期限结构决策，提高企业的长期债务融资水平，其作用机制是，政府与社会合作资产证券化会将项目预期现金流转化为流动性较高的金融资产，增强企业资产灵活性从而获得更多的长期债务融资（吴卫星等，2020）。张樱（2016）运用因子分析法构建社会资本指标，研究发现社会资本会显著影响企业债务期限结构，企业所属地区的高社会资本发展水平通过降低信息不对称程度抑制管理层的寻租动机与行为从而提高长期债务融资水平。

4.市场环境与行业因素

高市场化程度地区的企业债务融资期限相对较短，法律环境的改善能够通过降低政府干预程度从而降低企业长期债务融资水平（苏坤和李鹏，2012）。而不同行业的企业债务期限结构存在明显差异，企业规模、资产流动性与偿债能力显著影响中国中小板上市企业债务期限结构（胡援成和王艳，2017），何畅和王骁羿（2019）也得出类似结论。Smith（1986）、Barclay和Smith（1995）认为相对于非管制行业，管制行业的管理层对投资决策的自由度较低，会降低长期债务融资具有的逆向机理效应，使管制行业倾向于长期债务融资。基于产业集中度的视角，付雷鸣等（2012）研究发现产业集中度与企业债务期限结构呈U形关系。

5.政府干预与分权因素

基于政府干预的视角，"政治关系"是一种重要的声誉，也是政府干预影响企业债务期限结构的原动力，企业所在地区政府干预强度会提高其长期债务融资水平（朱家谊，2010）。基于制度环境与政治联系的角度，法制保护度弱、金融发展水平低、政府干预度高的地区民营企业长期债务融资水平较高。在考虑企业家政治背景后，研究发现政治联系有助于提高民营企业的长期债务融资水平（章细贞，2011）。李健和陈传明（2013）基于企业家政治关联的视角研究发现，企业家政治关联会提高企业的长期债务融资水平，具有政治关联的企业税负更低，更容易获得政府的财政补贴增强偿还债务的能力，降低财务风险从而有利于获得金融机构的长期债务融资。而基于分权的视角，何威风（2010）基于财政分权与制度环境视角研究发现，企业所在地区财政分权程度与地方政府行为指数对提高长期债务融资水平具有促进作用；高区域金融发展水平会降低长期债务融资水平。这一结论与苏坤和李鹏（2012）的研究一致。此外，在财政分权程度较高时，地方政府行为和区域金融发展水平有助于提高企业长期债务融资水平。Titman 等（2003）认为判例法系国家的企业具有较长的债务融资期限，而政府腐败程度越高的国家，其企业债务融资期限越短。

6.非正式制度与税收因素

在非正式制度方面，王金波（2013）基于非正式制度的视角，研究发现地区宗族观念和民族伦理能够通过内心信念、声誉机制、潜在惩罚（谴责）等方式增强社会互信从而提高企业的债务融资期限，且这一影响效应在非国有企业中更为显著。薛伟（2014）以2008年中国实施《中华人民共和国企业所得税法》为研究背景，研究发现名义税率的提高会提升企业长期债务融资水平，这一影响效应在非国有企业中更为显著，并且税收政策对债务期限结构的影响存在滞后效应。

2.4.2 影响企业债务期限结构的企业层面因素

现有企业债务期限结构的企业层面影响因素的研究文献从企业网络与风险承担水平、企业战略与经营、公司治理、股权治理、企业管理层、企业资产与负债匹配、会计信息与外部审计等方面展开。

1.企业网络与风险承担水平因素

黄艺翔与姚静（2018）基于资源依赖理论与网络资源理论，研究发现拥有研发联盟的企业债务融资期限更长，其作用机制是，研发联盟会向市场传递企业创新能力的信号，有助于降低创新风险、提高经营绩效，缓解企业内部外部信息不对称程度，降低金融机构对企业的评估风险从而提高企业债务融资期限；且市场化程度的提高会增强研发联盟对提高企业长期债务融资占比的促进效应。而风险承担水平会缩短企业债务期限结构，高风险承担水平会增加企业现金流的波动性与偿还债务的风险，金融机构则倾向于为高风险承担水平企业提供短期债务融资（苏坤，2016）。

2.企业战略与经营因素

翟淑萍等（2019）基于企业战略视角研究发现，企业战略激进度会影响债务期限结构，高企业战略激进度通过增加流动性风险、降低信息不对称程度与代理成本提高短期债务融资占比。对于客户集中度而言，企业的高客户集中度会促进长期债务融资水平提升，客户集中度通过供应链的风险溢出效应实现供应链“混响”，改变了债务期限结构决策行为，扭曲了债务期限结构的治理功能，并且当企业终极控制人性质为国有控股或者资产专用性高、应付账款少时， 客户集中度对债务期限结构决策的影响效应更为显著（徐晨阳和王满，2017）。对于中小企业而言，企业生命周期会影响中小企业的债务期限结构，长期债务融资水平在中小企业初创期与成长期较高，在成熟期会逐步降低；并且在制造业行业，提高实际税率有助于增加中小企业长期债务融资水平（王汀汀等，2015）。杨克泉等（2011）基于企业财产保险的视角，研究认为财产保险合同通过监控与约束功能保障债权人的利益，企业购买财产保险的比率越高，其债务融资期限越长；并且财产保险可以成为司法体系保障契约的替代机制。Tiltnan 和 Wessels（1988）研究发现，小企业因发行长期债务融资会面临较高的交易成本而倾向于短期债务融资，相反，规模较大的企业会更倾向于长期债务融资。

3.公司治理因素

肖作平（2010）研究发现，公司治理会影响企业债务期限结构，这一影响效应的作用机制是，高公司治理水平企业的管理层与控股股东会受到更为严格的监督与制约，因此，金融机构更倾向于为其提供长期债务融资。栾天虹和陆乐（2012）也得出类似的研究结论——债务期限具有对管理层激励与约束的效应。因此，公司治理机制会对企业债务期限结构决策产生影响。

4.股权治理因素

毛洪安和李晶晶（2010）以股权分置改革为背景，研究发现股权集中度与企业债务期限结构呈U形关系；股权制衡度会通过抑制控股股东的寻租行为延长企业债务融资期限，且随着现金流量和流通股比例的提高，企业倾向于选择短期债务融资以减缓代理冲突问题。Arslan 和 Karan（2006）也得出类似的研究结论。肖作平（2011）基于代理成本视角研究发现，终极控股股东会影响企业债务期限决策，终极控股股东控制权较高、终极控股股东控制权与所有权分离程度较高的企业，其短期债务融资水平也较高，原因是此时终极控股股东与外部投资者之间的利益冲突较为严重，其掠夺投资者的可能性较大即债务融资的代理成本较高，因此，金融机构倾向于为企业提供短期融资。此外，当终极控股股东性质为国有控股时，企业会具有较高的长期债务融资水平。苏忠秦和黄登仕（2012）同样以债务代理成本视角，研究发现终极控股股东（家族）控制权越大、终极控股股东（家族）的控制权与现金流量权分离程度越高的家族控制企业，其长期债务融资水平越低；并且终极控股股东（家族）在企业中指派高管会降低长期债务融资水平。常茂松（2016）、涂瑞和肖作平（2010）基于终极控制权的视角研究发现，终极控股股东现金流权影响企业债务期限结构，高现金流权（指按持股比例拥有的分红权）削弱了控股股东掠夺债权人的可能性，即降低债务融资代理成本从而使金融机构倾向于为其提供长期债务融资；终极控股股东的两权分离度（现金流权与控制权）增加了控股股东掠夺债权人的可能性，即提高债务融资成本、增加企业与金融机构的代理冲突从而使金融机构倾向于为企业提供短期融资。

基于控制权竞争的视角，控股股东持股比例越高，企业债务期限越短；控股股东之间竞争性越强，企业长期债务融资水平越高；并且多个控股股东并存会提高企业长期债务融资占比（李燕平和高雅，2018）。段伟宇和师萍（2013）以创新型企业为特定研究对象，研究发现股权结构是影响创新型企业债务期限结构的重要因素，股权集中程度与股权制衡度的差异会导致创新型企业债务融资决策控制权主体不同，其会根据自身利益做出不同的融资决策；股权集中程度越高、机构投资者持股比例越高，企业债务融资期限越长；股权制衡度越高，企业债务融资期限越短。

5. 企业管理层因素

管理层股权、薪酬激励会影响企业债务期限结构，但不同行业之间却存在显著差异，并且这种影响效应会呈现阶段性趋势变化（欧阳红兵和窦雯璐，2015）。就管理层背景的微观层面，管理层背景会影响企业债务融资期限，其学历水平与政府经历会显著提升企业长期债务融资占比，而具有学术背景的管理层因较强的自我约束与监督能力则会降低企业长期债务融资占比（刘健等，2019）。法律背景的管理层会对提升长期债务融资占比具有促进作用，且企业所在地区较好的法制环境会增强这一影响效应（雷宇和曾雅卓，2019）。刘柏和王一博（2017）基于心理学微观视角研究，认为管理层过度自信干扰了企业融资行为偏差，这会提高企业的短期融资水平，降低长期融资水平。此外，缓解中国上市公司债务期限结构长期失衡的现状需要提高企业内部治理水平与发挥市场在流动性风险方面的治理作用。强国令（2014）基于股权激励的视角研究发现，股权分置改革通过改善管理层股权激励的治理效应降低企业长期债务融资水平，股权制度环境的变化会强化国有企业股权分置改革对债务期限结构的影响效应。

6.企业资产与负债匹配因素

中国资本市场长期债务融资占比较低，均值约为14%，资产期限与债务期限的背离较为严重，而负债权益比率是影响企业债务融资期限的重要影响因素（胡援成和刘明艳，2011）。Scherr 和 Hulburt（2001）研究发现，企业资产期限正向影响债务融资期限。基于资产匹配假说，Morris（1976）、Mayers（1977）、Hart 和 Morre（1995）也得出类似的结论。王云升（2015）侧重于在微观层面研究债务期限结构的影响因素，认为资产与负债的期限匹配以及信息不对称是影响资本市场债务期限结构的主要因素，研究发现有形资产比率、资产规模、风险偏好、货币供应增长率正向影响长期债务融资水平，而负债率、企业发展潜力、公共财政支出增长率则负向影响长期债务融资水平。赵丽荣等（2012）研究认为，企业资产流动性越高，长期债务融资水平越高，支持高资产流动性通过增加企业清算价值从而提高长期债务融资占比的经典理论（不完全契约理论）。张彩江和郑宇婷（2016）以制造业企业为研究样本，发现制造业企业的存货周转率越高，则债务融资期限越短，存货周转率会通过增加资金流转增强企业短期偿还债务能力从而提高短期债务融资水平。

7.会计信息因素

2007年中国会计准则与国际趋同后，企业研发经费资本化有助于金融机构了解企业的未来经营现金流状况，替代短期债务融资的监督治理功能，从而提高企业长期债务融资水平（燕玲，2013），且新会计准则实施通过向金融机构提供母公司报表的增量信息含量从而提高企业的长期债务融资水平（李施和黎文靖，2012）。杜春明等（2019）基于债权人的视角研究发现，企业商誉信息会对债务期限结构产生影响，企业商誉的增加会提高长期债务融资占比，商誉的减值会降低长期债务融资占比。就会计稳健性而言，陶晓慧和柳建华（2010）研究认为，会计稳健性可以通过信号传递机制降低金融机构对企业违约风险的预期，从而使金融机构增加对企业长期债务融资的支持；在非国有企业中，会计稳健性对提高企业长期债务融资的促进作用更强，但金融发展程度会削弱这一影响效应。何小杨（2011）研究发现，非国有企业的盈余管理程度越高，其越容易获得金融机构的长期融资支持，但该研究是基于2001—2005年资本市场的A股上市公司为样本，这表明在中国2007年金融体制与金融市场改革前，资本市场不能有效识别企业的盈余管理行为。

8.外部审计因素

外部审计通过鉴证功能缓解信息不对称程度保护债权人利益从而影响企业债务融资期限，当聘请的会计师事务所为国际“四大”事务所或被出具无保留意见审计报告时，企业债务融资期限较长（刘成立，2012）。雒敏和麦海燕（2011）、Mitchell（1993）也得出类似的结论，当企业外部审计质量高、被出具无保留审计意见时，次年的债务融资期限显著增加，但审计意见对债务融资期限的影响效应显著高于审计质量。杨鑫等（2018）基于审计师质量的视角得出不同的研究结论，聘请高质量审计师可以传递企业发展质量较好的信号，抑制管理层通过长期债务融资规避监管的寻租动机与行为；另一方面，基于披露制约假说，高质量审计师会提高披露企业不利信息的可能性从而使金融机构倾向于提供短期融资。

2.5 文献评述

综上所述，管理层股权激励的经济后果研究、会计信息可比性的影响因素与经济后果研究以及企业债务期限结构的影响因素研究均受到学术界的广泛关注。现有管理层股权激励的经济后果研究从企业治理与经营绩效、盈余管理、创新能力、风险承担水平、非效率投资、研发投资与企业融资等多方面视角展开。管理层达到股权激励的行权条件与企业业绩息息相关，而会计信息可比性作为会计信息质量的重要特质之一，其影响因素研究已从会计准则趋同（Brochet 等，2013）、企业经营（张勇，2018）、外部审计（谢盛纹和王清，2016）、企业外部市场环境（Seavey 等，2016）、股票市场（刘焱等，2020）等方面展开。然而，既有研究仍然存在不足之处。

第一，基于会计决策有用观，会计信息可比性能够帮助企业对投资项目进行比较、鉴别与价值评估，提高决策效率进而提升企业价值（De Franco 等，2011）；并且能够对外部投资者与金融机构的信息传递与有效决策产生积极的促进作用（Chen 等，2018），帮助企业获得融资支持。那么，管理层股权激励将如何影响企业会计信息可比性，这无疑具有重要的现实意义，但目前学术界对此却关注不足。此外，会计信息系统论认为，会计信息是财务行为的具体反映，而企业经营行为通过影响企业竞争模式和资源配置形式影响企业财务行为，进而影响产出的会计信息质量（张先治等，2018），会计信息质量是企业经营的财务后果。而基于“公司治理→经营行为→财务后果”的企业运行机制（李维安，2011）可知，管理层股权激励作为一种公司治理机制并不会直接作用于会计信息可比性，而是通过企业经营行为间接地对其产生影响。因此，有必要从企业经营行为的角度出发研究管理层股权激励对会计信息可比性影响的微观路径与作用机理，这会使我们更加深刻地理解其内在本质。而企业战略反映了企业的一系列经营行为，战略不同的企业将会呈现差异化的经营行为与资源配置形式（Mintzberg，1978；孙健等，2016）。有鉴于此，首先，本书将探究管理层股权激励与企业会计信息可比性究竟存在怎样的影响关系，这一关系存在的原因是什么。其次，将深入研究企业战略激进度是否受到股权激励引起的管理层经营决策改变的影响，是否作为中介渠道对会计信息可比性产生作用，其具体效应又是什么。最后，将进一步分析哪些与此相关的因素对管理层股权激励与会计信息可比性之间的关系产生影响，以及辨析管理层股权激励在会计信息可比性对债务期限结构的影响中是否具有调节作用以及这一作用是否存在“壕沟效应”问题。

第二，现有会计信息可比性的经济后果研究从资本市场业绩预告、企业投资与融资、股票与债券市场、外部审计、企业避税行为以及创新活动等视角展开，在融资方面，已经就信用风险（Kim 等，2016）、商业信用融资（张勇，2017）与股权融资（Li，2010；张春华，2019）等方面展开。在债务期限结构方面，与本书关系最为密切的是 Fang 等（2016）的研究，其以美国上市公司的银团贷款为样本，发现会计信息可比性与银团贷款利差及存在担保物的可能性负相关，与银团贷款期限以及银团贷款合同中包含绩效定价条款的可能性正相关。但这一研究的局限性在于，就研究对象而言，银团贷款仅为债务契约的组成部分之一，并且其不受资金规模的限制，本身就具有低风险与筹资期限长的特征。因此，会计信息可比性对银团贷款的影响效应不能说明其对企业债务期限结构的影响效应也是如此，此外，就影响机制问题而言，其研究并未给出答案。而中国对于会计信息可比性与债务期限结构关系的研究却关注不足。中国的金融体制与金融市场改革始于2007年，在2003年十六届三中全会鼓励有条件的国有商业银行择机上市的背景下，2007年党的十七大提出金融体制改革并发展各类金融市场，2010年十七届五中全会提出利率与汇率市场化改革，至2013年央行全面放开利率行政管制，不再设置贷款利率下限等，那么，在中国金融体制与金融市场逐步改革、利率行政管制逐步放开以及增强商业化与市场化的背景下，会计信息可比性是否在债务契约定价中的债务期限结构部分发挥了影响效应，是否具有债务契约双方冲突的协调功能以及影响机制是怎样的，本书将从企业与金融机构双方的视角展开研究，并且就影响路径与作用机制问题进行深入剖析。

第三，在债务期限结构的影响因素研究领域，现有研究从宏观与行业因素、企业层面微观因素，包括宏观经济政策、市场环境、企业战略、会计以及审计等多方面视角获取了不同的经验证据。在会计信息方面，探究了新企业会计准则实施（李旎和黎文靖，2012）、研发经费资本化（燕玲，2013）、企业商誉（杜春明等，2019）、会计稳健性（陶晓慧和柳建华，2010）等因素对债务期限结构的影响。会计决策有用观认为，财务会计的目标是决策有用性，即为企业以及相关信息使用者进行决策提供有用信息。美国财务会计准则委员会将其具体解释为，会计信息须提供企业资源权益变动的交易事项，有助于金融机构和投资者评估企业销售和负债等方面的不确定信息并做出合理的信贷和投资决策。根据国际财务报告准则与国际标准化组织的定义，会计信息质量应是会计信息满足明确和隐含需要能力的特征总和，质量特征包括可靠性、相关性、可理解性、可比性、及时性、实质重于形式等方面，那么，仅仅考虑会计信息整体质量对债务期限结构的影响效应显然难以深刻理解其中各项质量特征的内在作用。在会计信息质量特征中，会计信息可比性可以通过提升股票流动性提升企业价值，在提升企业价值方面，会计信息可比性的作用是第一位的（李鹏等，2014）。美国财务会计准则委员会对会计信息可比性内涵解释为“有助于信息使用者识别不同行业与企业间相同或相近经济现象异同的一种信息质量特征”，即当经济现象相同时，会计信息能够反映相同的状况；当经济现象不同时亦能反映其差异。此外，稳健性是备受争议的会计信息质量要求，国际会计准则理事会在2010年将其从会计信息质量要求中取消，2015年又重新将其纳入以支撑会计信息中立性原则，但会计信息可比性却显著区别于稳健性这一质量特征，二者在内涵上具有本质差异。因此，学术界仍需深入探究会计信息可比性如何影响企业债务期限结构这一科学问题。

3 理论基础与基本理论

最优契约理论与管理层权力理论是影响管理层股权激励对企业会计信息可比性影响效应的主要来源，基于最优契约理论，股权激励计划可以将管理层与企业（股东）的利益紧密结合，缓解委托代理问题，促进企业价值最大化。会计信息可比性会通过提升企业投资效率（袁振超和饶品贵，2018）、并购协同效应（Chen 等，2018）以及促进企业创新（江轩宇等，2017）提升企业业绩，因此，在最优契约理论框架下，因股权激励行权业绩动因，管理层股权激励会影响企业会计信息可比性。而基于管理层权力理论，随着股权激励强度增加管理层逐渐获得企业控制权时，因声誉与行权获利的需求，管理层股权激励将引起企业盈余管理行为从而影响会计信息可比性。信息不对称理论与委托代理理论构成了会计信息可比性对债务期限结构影响效应的主要来源，企业与金融机构之间的信息不对称会造成金融机构的“逆向选择”与企业的“道德风险”，从而影响会计信息可比性对企业债务期限结构的影响效应。现代企业所有权与经营权的分离将引发管理层与股东之间的委托代理问题（Jensen 和 Meckling，1976），而基于委托代理理论，会计信息可比性能够替代短期债务融资对代理成本的抑制效应，提升企业的长期债务融资意愿从而影响会计信息可比性对债务期限结构的影响效应。基于信息不对称理论，会计信息可比性能够抑制管理层的盈余管理行为，提升企业财务信息透明度和盈余质量，降低与金融机构之间的信息不对称，从而影响会计信息可比性对债务期限结构的影响效应。此外，会计信息可比性对债务期限结构的影响效应同样会因管理层股权激励强度的不同而存在差异。有鉴于此，本章首先阐述最优契约理论、管理层权力理论、信息不对称理论以及委托代理理论的相关内容，其次再结合研究主题与研究内容界定本书的基本概念，包括企业管理层、股权激励、会计信息可比性以及债务期限结构等，并借助于上述理论，明晰管理层股权激励对企业会计信息可比性的影响效应及其微观路径与作用机理，会计信息可比性对企业债务期限结构的影响效应及其影响路径与作用机制，以及管理层股权激励在会计信息可比性对债务期限结构影响效应中的调节作用问题，以构建本书的基本理论框架。

3.1 理论基础

本节主要简要介绍最优契约理论、管理层权力理论、信息不对称理论、委托代理理论的相关内容，从而为本章分析管理层股权激励对企业会计信息可比性的影响效应及其微观路径与作用机理，会计信息可比性对企业债务期限结构的影响效应及其影响路径与作用机制，以及管理层股权激励在会计信息可比性对债务期限结构影响效应中的调节作用等科学问题提供直接理论来源。

3.1.1 最优契约理论

最优契约是一种在多方利益协调的情况下，帮助多方参与者均达到最大效益而签订的契约。由于现代企业所有权与经营权的分离产生委托代理关系，管理层与股东之间的代理问题便成为学术界与公众关注的焦点，而最优契约制度无疑是解决这一问题的核心机制。形成最优契约须满足的条件是：首先，缔约双方须共同承担风险，具体而言，管理层薪酬需与企业绩效挂钩，管理层通过履职尽责和勤勉敬业经营管理企业提升绩效从而获取超额薪酬，以实现管理层与股东之间的利益共享、风险共担；其次，契约内容尽可能全面地利用信息；最后，超额薪酬的设计应与信息性质、不确定因素与风险判断相适应。可见，最优契约理论的思想，是为协调管理层与股东的利益冲突，提供一种最优薪酬激励契约而使企业代理成本最小化的依据（Jensen 和 Murphy，1990）。最优契约理论认为，契约有效性随着管理层薪酬与企业绩效相关性的提高而增强。

最优契约制度缓解委托代理问题机制的出发点是制定在成本最小化的情况下能够产生同样或更多利润的最优契约，通过利益共享与风险共担的机制激励管理层在经营管理中做出有利于企业价值最大化的决策行为，同时，也为企业留住管理层的卓越人才。最优契约理论发挥有效作用需要环境条件，在公司治理环境中，董事会应保持独立性作用并且以企业价值最大化为目标与管理层相互独立地制定薪酬激励方案，而股东可以利用法律诉讼与股票期权计划等方式监督董事会是否与管理层"合谋"进行利益交换导致薪酬方案损害企业价值。在企业外部市场环境中，在完全竞争的产品市场，低效率的经营会降低企业的盈利能力、增加财务风险、阻碍企业的战略性发展，那么，产品市场竞争在一定程度上可以约束管理层的低效率经营，对管理层自利动机与寻租行为起到一定的抑制作用。此外，市场股票价格也具有一定监督功能，原因是股票价格的巨幅下跌将会增加企业被收购的概率，而收购的结果会使企业管理层失去职位与超额薪酬。

部分学者通过建立博弈模型对最优契约理论进行解释，如 Holmstrom（1979）、Radner（1981）建立的静态博弈（管理层与股东）模型与动态多阶段重复博弈模型等，同时，将激励划分为显性激励与隐性激励两方面。显性激励为管理层在一定时期内获得的实质性补偿，包括绩效补偿与荣誉等，特点是管理层可以感知或预期可得，但其却处于被动状态，只能以自己的行为方式或结果改变所处的状态。而由于外界"噪声因素"存在干扰，绩效的提高相对较慢，一方面无法建立绩效与劳动投入的绝对关系，另一方面经营绩效不能准确地衡量则会造成激励扭曲。隐性激励为企业非公开并且没有既定标准的津贴补贴等，特点为激励标准既可以灵活调整，又避免了管理层内部薪酬差距过大引起低薪酬者心理不平衡，破坏组织的和谐氛围。但隐性激励效果同样具有局限性，即获得奖励却得不到荣誉、价值导向不明确、通过激励标准传递信息的幅度有限、由于激励以及激励标准的不公开导致激励公平性也备受质疑，一旦公开，公平与公正原则遭到挑战。那么，相对于显性激励而言，隐性激励对组织的和谐氛围破坏性更强。

3.1.2 管理层权力理论

管理层权力理论认为，管理层权力达到一定程度后，管理层可以绕过企业“董事会”，通过其权力影响薪酬激励方案，而在不完善的公司治理机制中，这会扭曲最优契约的约束条件，有利于管理层的寻租行为（Bebchuk 和 Fried，2003）。管理层权力理论的一个理论基础是委托代理理论——基于理性经济人假设，每一个从事经济活动的人所进行的经济行为均具有利己性，因企业所有权和经营权的分离而产生的委托人和代理人均会为各自的经济利益最大化目标而努力，并且在经营过程中存在信息不对称情形，经营者（代理人）会利用信息优势为其寻租行为服务。另一个理论基础为信息不对称理论，即存在道德风险与逆向选择问题，当所有者（委托人）处于信息劣势一方时，经营者（代理人）可能采用隐瞒或提供虚假信息的方法签订有利于自身利益的企业契约，同时，做出风险较高、不利于所有者（委托人）的风险决策。

管理层权力理论与最优契约理论一样，分析的起点均为企业委托代理问题，但最优契约理论忽视了管理层的权力问题。管理层权力是管理层执行自身意愿的能力，在公司治理机制不完善的情况下会表现出超出管理层控制权的影响力。在管理层权力理论的视角下，最优契约理论发挥有效作用的环境条件难以实现，相关学者对此产生质疑，Bebchuk 等（2002）研究发现在实践中董事会与管理层之间的关系可能远超出理论预期。比如，企业管理层兼任董事长，强化了管理层的控制权；董事会与独立董事的规模过小，限制了董事会对管理层权力的约束作用；管理层持股比例过高弱化了外部监督力量，提高了管理层在企业经营中的自由度与决策权力等。此外，外部市场环境的约束力也有限，因企业利润在管理层与股东之间的分配对企业经营活动的影响甚微，因此，产品市场竞争对管理层自利动机与寻租行为的抑制作用有限；股票价格下跌虽然会增加企业被收购的概率，但根据劳动合同法以及契约合同中的免职制度性保护条款，被免职的管理层将会获得高额的补偿金额，这同时向外界传递了企业经营不稳定的信号（Bebchuk 等，2002；Bebchuk 和 Fried，2004），因此会进一步降低外部市场环境发挥的约束作用。而当管理层权力能与董事会抗衡时，管理层会在一定程度上影响或操控控股股东或董事会的决策行为，为其寻租行为提供便利条件，增加其寻租行为的可能性。管理层权力理论放开了最优契约理论的环境约束条件，它具有重要的理论与实践价值，但这并不能否认最优契约理论的贡献性与适用性，更有学者将管理层权力理论与最优契约理论纳入同一框架研究，进一步丰富并且完善了委托代理视角下的契约建设问题（Jensen 等，2004）。

3.1.3 信息不对称理论

信息不对称理论（Asymmetric Information Theory）源于 20 世纪 70 年代美国经济学家乔治·阿克洛夫（G.Akerlof）、迈克尔·斯彭斯（M. Spence）、约瑟夫·斯蒂格利茨（J.E.Stiglitz）发现的信息不对称现象，随后，由此产生的信息经济学便成为市场经济理论的主流并且被广泛应用于公司金融领域，三位经济学家也因此获得诺贝尔经济学奖。Akerlof（1970）最初使用“柠檬”这一词汇形象地对信息不对称现象进行比喻。柠檬呈黄色，外表耀眼夺目、富含柠檬香气，但如果不将其切开，就很难知晓其内部是好还是坏，因此，Akerlof（1970）使用“柠檬”形象地对信息不对称理论进行了描述说明，即“柠檬市场”理论。在此之前，亚当·斯密（Adam Smith）的《国富论》认为，市场经济是通过“看不见的手”进行市场分配与调控，经济学界对此观点推崇备至，但信息不对称理论打破了均衡理论的自由市场中信息对称的原假设，让人们发现了市场交易中到处存在“柠檬”。

信息不对称理论认为，在市场经济活动中，因社会劳动分工与行业精细化使经济活动交易双方对信息的了解存在差别，信息充足的一方可以通过向信息匮乏的一方传递信息而在市场中获得利益，或信息充足方利用信息匮乏方掌握不到的信息谋求利益最大化，这种行为在理论上被称作道德风险与逆向选择问题。Akerlof（1970）以二手汽车的例子进行解释，即通过中间商的市场交易会使买方意识到自己处于劣势位置，因此买方压低二手汽车价格，但中间商通常会以次充好满足低价位买主，长此以往二手汽车质量越来越差以至交易难以继续，但若买方不经过市场直接从车主处购买，这将是更公平的交易并且买方会得到比通过中间商的市场交易更多的经济利益。这为市场经济提供了一个新的视角。信息不对称现象存在于各个领域，信息不对称是市场经济的基本特征之一。那么，如何解决信息不对称的问题呢？Akerlof（1970）提出两种思路：一是市场交易的中间商需要通过长期的交易证明其“道德性”从而建立其与客户之间的信任关系；二是买方需要与交易市场间建立更好的判断机制与商品优劣品质标准。

在市场经济中，生产力的逐步发展使得社会行业与分工逐步精细化，尤其在企业规模逐步扩大并且多元化发展的背景下，企业的所有权与经营权将分离，所有者与经营者之间存在契约关系。信息资源与其他社会财富一样为稀缺资源，但基于信息不对称理论，经营者通过运营企业掌握着比所有者更多的信息，包括企业营运能力、偿债能力、发展能力等核心方面，此时，必将出现道德风险与逆向选择问题。基于经济学中的理性经济人假设，道德风险表现为因经营者不完全承担企业经营的风险，则会由于寻租动机利用其掌握的信息优势增进自身效用从而损害所有者利益形成风险。逆向选择表现为当经营者能够利用信息优势增进自身效用而损害所有者利益时，则会做出不利于企业所有者的经营决策，使企业经营效率下降，这也会导致市场交易机制失灵，降低社会资源配置效率。企业的信息不对称存在于各个方面，所有者与经营者、经营者与企业员工、控股股东与中小股东、企业经营者与外部金融机构、企业经营者与投资人、企业与客户、企业与消费者之间等。

信息不对称理论揭示了信息对于市场经济的重要作用，而随着信息时代的到来，信息将会在资本市场交易中发挥不可估量的作用；另一方面，信息不对称理论突破了传统经济学的市场交易双方具有对称信息的原假设以及市场交易中依靠“看不见的手”进行市场调控与分配的观点，这为研究市场经济的运行机制提供了新视角，同时，促进了信息经济学的诞生与发展。此外，基于市场交易双方利用信息博弈的视角，信息不对称理论在一定程度上对博弈论的发展也起到推动作用。

3.1.4 委托代理理论

在20世纪初期，随着生产力的逐步发展、企业经营规模逐步扩大，美国经济学家Berle和Means（1932）发现企业所有者兼任经营者的管理方式存在弊端，并且在企业股权分散的情况下，没有一个股东能够决定企业的所有经济活动事项，对此，其倡导企业所有权与经营管理权相分离、企业保留剩余索取权，从而将经营管理权让渡的企业经营方式。这样的经营方式当然有其优势，生产力的逐步发展使得社会行业与分工逐步精细化，尤其在企业规模逐步扩大并且多元化发展的背景下，所有者（委托人）由于知识储备、管理能力等原因已经不能较好地实现企业的经营运转，而具有行业专长的经营者（代理人）却有能力行使委托的权力进行更有效的经营与治理。但在此情况下，企业所有者与经营者之间利益目标与效应函数的不一致将引发一系列代理问题，因此，这也成为此后一段时间企业治理研究的基本出发点。随后，Jensen和Meckling（1976）等经济学家在信息不对称与企业激励问题基础上逐步对这一理论进行完善和补充，从而形成西方传统的委托代理理论（Principal-Agent Theory）。在现代企业管理理论中，委托代理理论已经成为公司治理的逻辑起点，并且这一理论逐步发展成为契约成本理论（Contracting Cost Theory）。

委托代理理论认为，企业资源的所有者（委托人）与经营者（代理人）之间的委托代理（契约）关系中，所有者与经营者的目标与效用函数并不一致，企业所有者追求企业的长远发展，而基于理性经济人假说，经营者会为谋求自己的财富最大化而出现短期行为，如在企业现金流量充足时却将资金投资于较低的报酬率项目、增加工作薪酬、增加在职消费、提高工作环境舒适度、降低工作强度等，但这必然导致与企业所有者之间的利益冲突从而产生第一类代理成本，在缺乏有效的企业制度与管理控制的情况下，将损害企业所有者的利益。此外，委托代理理论还认为，在企业委托代理关系中存在信息不对称问题，经营者（代理人）掌握的企业经营决策信息比所有者（委托人）多，信息不对称问题的存在同样会使经营者（代理人）通过寻租行为增加其财富而无法达到“帕累托最优化”状态。可见，产生委托代理契约关系的根本原因在于企业控制权与经营权的分离，因此，委托代理理论的核心任务是研究在信息不对称、所有者（委托人）与经营者（代理人）存在利益冲突的情况下，所有者（委托人）如何设计最优契约激励与监督经营者（代理人）。

基于Jensen和Meckling（1976）的研究，所有者（委托人）与经营者（代理人）之间的利益冲突、信息不对称以及契约不完备等因素是委托代理问题产生的根本原因。然而，委托代理不仅仅表现为所有者（委托人）与经营者（代理人）之间的代理问题，相关学者研究发现，企业股权结构集中度能够发挥治理作用缓解二者之间的委托代理问题，即当企业控股股东掌握控制权时可以抑制经营者的“道德风险”，降低第一类代理成本（Shleifer和Vishny，1997），但随着股权集中度的增加却加剧了企业控股股东与社会公众中小股东之间的信息不对称，导致控股股东不能被中小股东有效监督从而引发控股股东“掏空”上市公司、侵害中小股东利益行为的第二类代理问题，即第二类代理成本。

现代企业股权结构的一个显著特征为控制权较为集中，2005年《关于上市公司股权分置改革的指导意见》发布，至2016年末，资本市场股权分置改革基本完成。但资本市场股权较为集中的情况仍较为普遍，并且存在“一股独大”的情况（乔政等，2017），控股股东通过控制企业董事会与经营管理决策权弱化董事会的监督功能，使公司治理结构失衡从而损害社会公众中小股东利益问题时有发生（陆雄文，2013）。法律法规较为完善、制度环境较好、企业所在地区投资者利益保护受到重视等因素，可以有效降低控股股东利益侵占引发的第二类代理成本，反之，控股股东则有较多的机会基于控制权侵占中小股东利益，因此，投资者保护程度较弱地区的中小股东则希望上市公司实施股利多分配、少留存的政策，以此抑制控股股东对其利益的侵害行为并且降低企业第二类代理成本。也正因如此，上市公司可通过多分配、少留存的股利政策向资本市场公众中小股东传递其盈利前景与治理结构良好的声誉信息。

有鉴于此，能否实现企业的长远发展、企业价值最大化的目标，一方面取决于所有者对经营者的有效监督以防止其寻租行为，另一方面取决于社会公众中小股东对控股股东的有效监督以防止其对企业利益的“掏空行为”。

3.2 基本理论

3.2.1 基本概念

明晰基本概念的界定是本书研究基本理论框架的重要基础，结合本书的研究目标与研究内容，这一部分主要对基本概念进行阐释和界定。

1.企业管理层（简称管理层）

在经济学领域，管理层为企业或组织内部处于管理地位、对组织管理与经济活动的执行负有管理责任的人员或者组织形式。如果没有管理层的组织与领导，那么，企业将不能有效运转，企业拥有的资源也不能转化为商品进行销售。而管理层的素质、能力等要素与企业绩效息息相关，在管理层的内部也具有层次的划分，指挥、执行、监督与指导各个层级通过有效协调以此提高企业经营运转效率。

学术界对于管理层的界定不尽相同，在国外，一部分学者认为管理层的范围仅包括少数对企业组织管理极具影响力的管理者，如首席执行官CEO、首席财务执行官CFO、首席运营官COO以及其他个别高级管理人员（Hambrick和Mason，1984；Chung和Pruitt，1996；Iaquinto和Fredrickson，1997；Krishnan和Park，1998）；一部分学者根据薪酬影响力的重要性，将管理层界定为在企业内部薪酬排名靠前的管理者（Mehran，1995）；还有一部分学者把管理层界定为企业高级管理人员，不仅包括首席执行官CEO、首席财务执行官CFO等，还包括董事会成员、总裁、副总裁以及经理层（Cho等，1994；Siegel和Hambrick，

2005）。在中国的研究中，管理层的学术界定范围也有多种，但整体上来看差别不大，这与中国资本市场中企业管理的制度背景与特色有关。部分研究将管理层界定为仅为董事长（李增泉和杨春艳，2003）；部分研究将管理层界定为总经理与首席财务执行官CFO（王艳等，2021）；部分研究将管理层界定为总经理与董事会成员（孙贺捷与王北辰，2021；戴雨晴与李心合，2021）；部分研究将管理层界定为企业内部薪酬排名靠前的管理者（江伟，2008；刘磊等，2019）；部分研究根据《中华人民共和国公司法》将管理层界定为经理、副经理、财务负责人、企业董事会秘书和公司章程规定的其他人员，即不包括董事会成员（魏立群和王智慧，2002；吕长江和赵宇恒，2008）；部分研究扩大了管理层的界定范围，根据中国证监会发布的《上市公司高级管理人员培训工作指引》，按董事长、董事、监事、独立董事、总经理、财务总监、董事会秘书等界定管理层（陈冬华等，2005；陈笑雪，2009；沈红波等，2012；韦琳等，2021；张先治和徐健，2021）。

有鉴于此，本书根据中国证监会发布的《上市公司高级管理人员培训工作指引》，借鉴陈笑雪（2009）、沈红波等（2012）、韦琳等（2021）、张先治和徐健（2021）的研究，从广义角度界定管理层，其包括董事（含董事长，下同）、监事、独立董事、总经理、财务总监、董事会秘书等成员。管理层决定着企业组织活动的基调，他们的价值观与管理哲学会对企业文化、创新意愿与能力以及组织绩效产生深远影响。

2.股权激励

现代企业所有权与经营权的分离将引发管理层与股权之间的委托代理问题（Jensen 和 Meckling，1976），信息不对称性以及不完备契约等因素成为管理层寻租行为的诱因，这将背离企业价值最大化（股东权益最大化）的财务管理目标，而股权激励治理机制可以将管理层与企业的利益紧密结合，缓解委托代理问题，促进企业价值最大化财务管理目标的实现。2016年中国证监会发布的《上市公司股权激励管理办法》，对激励对象进行了清晰的界定，明确股权激励是企业以其股票为标的对董事、监事、高级管理人员以及员工进行的长期性激励。股权激励作为一种长效机制在公司治理中发挥着重要作用，同时也是管理层薪酬的重要内容之一，且激励模式多种多样。例如：业绩股票，是指在设定合理的企业业绩目标情况下，如果激励对象在一定时期内达到业绩目标，企业则授予其一定数量股票或一定奖金用以购买企业股票。股票期权，是企业授予激励对象的一种选择权力，在达到设定的行权条件时，激励对象可以以预先确定的价格购买一定数量的企业股票，其本质为看涨期权。虚拟股票，激励对象可以据此获得企业分红权或股票价格上涨的收益，但不能转让或出售，若激励对象离职则自动失效。当前，资本市场中一些企业应用的虚拟股票期权，是股票期权与虚拟股票的结合。股票增值权，这种形式的激励不需要购买企业股票，在达到设定的行权条件时，激励对象即可以获得一定数量的企业股票价格上涨的收益，即期末股票价格与行权价格的差额。限制性股票，即企业授予激励对象的股票具有某些特殊的限制条件，如激励对象完成设定的目标后才能抛售等等。股权激励的"行权"，是证券持有人向权证发行人（企业）要求兑现承诺的行为。那么，行权后激励对象可以在资本市场二级市场自由抛售行权股票获利。在实践中，股权激励模式虽然多种多样，但无论何种激励模式最终都将体现在激励对象持股比例的增减变动方面（上海证券交易所，2004）。综上所述，本书将管理层股权激励界定为企业通过授予管理层一定数量的股权份额，促进管理层与股东的利益趋同与风险承担从而形成的一种长效治理机制。当然，股权激励仍然需要客观的市场评价，完善的法律法规、政策环境以及企业管理控制系统等机制、环境的保障与支持。管理层股权激励的价值对于企业而言，有利于缓解企业的薪酬压力，留住核心技术人才；对股东而言，有利于降低管理层的"道德风险"，以此约束其寻租行为；对于管理层而言，有利于调动其工作的积极性，实现自身价值。管理层股权激励以"风险共担、利益共享"的治理机制促进企业的可持续发展与战略目标的实现。

3. 会计信息可比性

会计信息所揭示的企业财务状况与经营成果信息，从企业微观层面看，是管理层进行经营与投资决策的重要依据之一，从宏观层面看，是社会经济、资本市场有效运行的重要基础，而会计信息质量直接关系到企业管理层决策与执行的效果甚至宏观经济的稳定。美国财务会计准则委员会在2号财务会计概念公告“会计信息质量特征”中表明，会计信息质量特征构成会计信息有用性的成分，即其是实现会计目标的基础，是确认、计量、记录与报告的会计行为指南，同时也是会计信息质量评价的依据与标准。国际会计准则理事会发布的会计信息质量结构层次中，将可理解性置于会计信息质量特征之首，其次为相关性、可靠性、可比性。其中，相关性包括会计信息的预测价值、证实价值与重要性；可靠性包括如实表述、实质重于形式、中立性、谨慎性与完整性。在中国，2006年，财政部发布的《企业会计准则——基本准则》明确提出，会计信息质量要求包括可靠性、相关性、可理解性、可比性、实质重于形式、重要性、谨慎性与及时性。可见，无论在国际上还是国内，会计信息可比性质量特征均占有重要位置。既有研究表明，会计信息可比性可以通过提升股票流动性提升企业价值，在会计信息质量特征中，可比性在提升企业价值方面的作用是第一位的（李鹏等，2014）。

在概念解释方面，Simmons（1967）首先对会计信息可比性的概念做出解释——会计信息可比性是企业财务报告通过等效的财务表述与等效的会计计量和会计记录从而等效地反映企业经济环境和经营状况，而等效的会计计量包括计量属性、计量单位与经济流量评估三个方面，等效的会计记录为会计程序与方法的一致性，等效的财务报告涉及项目名称与分类等，这一研究观点受到广泛认可。美国财务会计准则委员会对会计信息可比性的内涵解释为“有助于信息使用者识别不同行业与企业间相同或相近经济现象异同的一种信息质量特征”，即当经济现象相同时，会计信息能够反映相同的状况，当经济现象不同时亦能反映其差异，即使可比性使同样的经济现象看起来相似，不同的经济现象看起来不同。国际会计准则理事会发布的《财务报告概念框架》中将会计信息可比性解释为，会计信息可比性应该能够让信息使用者了解财务报告所使用的会计政策以及政策变化所产生的影响，并能够对不同企业相同时期或同一企业不同时期的经济事项进行甄别，为信息使用者的决策提供参照信息。而我国财政部发布的《企业会计准则——基本准则》对会计信息可比性内涵的解释包括两个方面，第一，比较企业不同时期的财务报告，能够全面、客观地评价过去和预测未来的财务状况与经营成果；

要求企业不同时期的经济事项应当采用一致的会计政策，不得随意变更，但如果有充分、合理的证据表明或按照规定变更后能够提供更为可靠、相关的会计信息，变更会计政策信息应在报表附注中予以说明。第二，不同企业同一时期的经济事项应当口径一致、会计政策相同、相互可比，即按照一致的确认、计量、记录与报告规则提供会计信息，使信息使用者能够评价不同企业的财务状况与经营成果。

在国际研究中，会计信息可比性的测度存在多种视角，比如基于会计政策披露的文本测度（Peterson 等，2012）、基于会计政策选择的指数测度（Taplin，2011）、基于信用评级机构评级的测度（Kim 等，2013）、基于价值相关性的测度（Barth 等，2012）、基于会计信息系统的测度（De Franco 等，2011）等等。但本书认为，会计信息可比性的测度应基于会计学的本质进行。会计学的内涵就是要反映会计的本质属性与会计的内在因素总和，会计学作为提供有用信息的系统，以会计的目标、职能、对象、程序与方法为研究对象，采用一定的研究方法构建会计信息系统，通过提供会计信息促进会计工作，以此提高企业经济效益、加强经济管理（张先治，2011）。可见，会计是一个信息系统，基于会计信息系统论的会计学本质，从会计信息系统的研究角度测度会计信息可比性最为准确和贴切，并且 De Franco 等（2011）基于会计信息系统的测度方式为当前最为广泛的使用方法。因此，本书借鉴 De Franco 等（2011）基于会计信息系统研究角度的会计信息可比性测度方法，其指导思想为，会计是以经济事项为输入、以财务报告为产出的信息系统，以会计基本准则与会计计量、记录方法为财务信息的加工规则，以企业股票收益代表经济业务事项，以企业净收益代表信息产出，通过会计信息系统转换函数比较企业之间的会计信息可比性。

4.债务期限结构

企业债务期限结构是企业融资中长期债务与短期债务不同比重组合形成的结构。根据资本结构 MM 理论（Modigliani 和 Miller，1958），在“在其他条件相同”的情况下，负债融资与权益融资均不会影响企业价值；且在资本结构初期的研究中，企业债务均被看作具有“同质性”。但在现实中却无法达到理论中设置的严格条件，债务融资是多维度的，不同的债务期限对于企业而言承担的风险与融资成本等均不尽相同，于是，自20世纪90年代，债务期限结构作为债务契约的重要组成部分逐渐引起了学术界的关注，其经验研究逐步受到重视，并成为债务融资研究中的重要课题之一。既有研究已经表明债务期限结构不仅会影响企业的投融资成本（胡援成等，2007；王克岭等，2015）、投资行为（D' Mello和Miranda，2010；唐玮等，2017；王康仕等，2019），还会影响财务风险（王东静等，2009；沈维成，2019）及企业价值（Brick和Ravid，1985；Barclay和Smith，1995；李琪和杨红芬，2011；王骁羿，2019），甚至宏观经济稳定（李栋栋，2016）。

在实证研究中，企业债务期限结构的度量有不同的方式，一类为资产负债表法，即以企业融资中长期债务与短期债务不同比重的组合度量（Barclay和Smith，1995），一类为各类债务加权平均法，即以各类债务账面价值加权平均计算企业债务期限结构（Stohs和Mauer，1996），一类为增量法，以发行债务的工具期限度量（Elyasiani等，2002）。基于中国资本市场目前的债务融资信息披露制度，上市公司年报中并没有披露债务到期具体时间，囿于数据的可得性，无法使用各类债务加权平均法，而增量法更适合检验依赖于随时间波动较大的债务期限（Guedes和Opler，1996），因此，资产负债表法在学术界被较多的研究文献所采用。本书借鉴Barclay和Smith（1995）、肖作平和廖理（2008）、翟淑萍等（2019）等学者的研究文献，采用这一度量方法进行实证研究。

3.2.2 基本理论框架

在明晰基本概念以及概念界定后，本节聚焦于最优契约理论、管理层权力理论、信息不对称理论以及委托代理理论等相关理论，阐释基本理论框架，从而为下文的研究提出相关研究假设奠定了扎实的理论根基。具体而言，其一，基于最优契约理论与管理层权力理论的相关内容辨析管理层股权激励对企业会计信息可比性的影响效应，并探究其微观路径与作用机理问题。其二，基于信息不对称理论与委托代理理论的相关内容辨析会计信息可比性对企业债务期限结构的影响效应，并探究其影响路径与作用机制问题。其三，考察管理层股权激励在会计信息可比性对债务期限结构的影响效应中是否具有调节作用以及这一作用是否存在“壕沟效应”。

基本理论框架如下：

首先，管理层股权激励问题是经济学、管理学等多领域研究的热点，它作为一种长效机制在公司治理中发挥着重要作用。2016年中国证监会公布《上市公司股权激励管理办法》，进一步赋予企业股权激励的自主决策空间，股权激励在资本市场中的作用与地位越发凸显。但股权激励作为公司治理的重要内容之一，其影响效应是治理代理成本的“工具”，还是侵占利益的“面具”，学术界却存在不同观点。管理层达到股权激励已获授的股权行权条件与企业业绩息息相关，而会计信息可比性作为会计信息质量的重要特质之一，基于会计决策有用观，它能够帮助企业对投资项目进行比较、鉴别与价值评估，提高决策效率进而提升企业价值（De Franco 等，2011）；且能够对外部投资者与金融机构的信息传递与有效决策产生积极的促进作用（Chen 等，2018），帮助企业获得融资支持。那么，管理层股权激励将会影响企业会计信息可比性。基于最优契约理论，股权激励能够协调管理层与股东之间的利益冲突，促进二者的利益趋同与风险承担，以有效激励机制发挥治理作用提升企业绩效。在投资方面，管理层股权激励在企业资源配置中发挥着重要作用，通过提供参照行业信息形成激励有效的薪酬契约和提供投资决策的参照信息帮助企业分析理解行业需求、投资成本以及竞争者的战略类型，从而识别投资项目价值以及潜在的风险，提高投资效率（袁振超和饶品贵，2018）。企业兼并投资是企业通过有偿方式吸收合并其他企业，通过购买所有权使其他企业失去法人资格或改变法人实体的投资行为。高会计信息可比性能够在企业并购中降低并购溢价、并购后的商誉损失以及资产剥离的可能性，有利于提升企业并购协同效应（Chen 等，2018）。在创新方面，会计信息可比性通过形成激励有效的薪酬契约抑制管理层的职业忧虑和委托代理成本以及缓解企业融资约束以此改善企业创新意愿，促进企业创新（江轩宇等，2017）。而股权激励正是通过管理层在投资与创新两方面提升企业业绩（Manso，2011），那么，在此背景下，管理层会因股权激励已获授的股权行权业绩动因，努力提高企业会计信息可比性。基于管理层权力理论，当股权激励强度增加管理层逐渐获得企业控制权时，董事会的监督功能减弱，管理层会因此谋取私利导致寻租行为，不完备契约下的寻租行为是企业盈余管理发生的必然原因，管理层通过履职尽责与勤勉敬业的工作仍不能达到行权条件时，因声誉与行权获利的需求，操控盈余提高企业业绩将成为其行权的手段。股权激励强度越大，管理层盈余管理的动机越强，股权激励强度会促进企业进行盈余管理行为（Kedia 和 Philippon，2009；Benmelech 等，2010），从而形成信息不对称、降低信息透明度并且降低企业会计信息可比性。

其次，债务期限结构是债务融资最重要的决策之一，不适当的债务期限不仅会影响企业的融资成本与投资行为，还会影响财务风险以及企业价值甚至宏观经济稳定。债务期限结构是企业与金融机构双方均衡博弈的结果，是债务契约的重要内容之一。债务契约决定了利益双方的风险，企业一方为实现战略性发展希望获得融资支持，金融机构一方则试图在考虑债权安全性的基础上实现风险报酬率，并且为防患于未然可能会限制企业的某些风险行为，将可能的风险降至最低，规范的债务契约也正因如此而具有重要意义。基于信息不对称理论，企业与金融机构之间会存在信息不对称的情况。金融机构作为企业外部信息的使用者，会计信息反映的经营成果与财务状况是其信息获得的主要来源，并且高质量的会计信息能够帮助其在债务契约中对企业合理评估，加强对资金使用的监督，确保债权安全。而管理层为谋求私利最大化而运用会计手段操控或调整会计盈余以获取私有收益的盈余管理行为，会导致金融机构一方误判企业经营业绩，增加企业与金融机构之间的信息不对称，增加金融机构的资金风险。信息不对称会影响金融机构对企业项目价值的鉴别与评估以及债务契约持续过程中的监督效果，从而造成信贷资源的错配与浪费，也会造成金融机构之间的竞争紊乱，增加风险指数。基于风险溢价的视角，金融机构会为其承担的风险索取溢价或缩短债务期限规避风险等。而会计信息可比性通过提高分析师预测精准度（De Franco 等，2011）与外部审计质量（谢盛纹等，2017）对信息传递产生积极作用，增大管理层盈余管理行为被识别的概率，并且增加盈余管理成本以此抑制管理层的盈余管理行为。抑制企业盈余管理行为会增强财务信息透明度、提升盈余质量并降低信息风险，而高财务信息透明度既会向外界传递企业具有良好治理机制的信号，又会促进会计信息可比性对企业业绩预告精准度的正向影响（陈翔宇等，2015）。对于金融机构而言，2007年中国金融体制与金融市场开始改革，在此后的一系列政策与措施增强商业化与市场化的背景下，金融机构为提升经营绩效与降低经营风险，会选择高财务信息透明度、高盈余质量与信息风险低的企业提供长期融资支持；反之，则会通过缩短债务期限等方式要求更为严苛的契约条件作为补偿。

基于委托代理理论与理性经济人假设，委托代理问题可划分为所有权与经营权分离引发的管理层与股东之间的委托代理问题，相对集中的股权结构引发的控股股东与中小股东、控股股东与债权人之间的委托代理问题（Jensen和Meckling，1976），并且代理成本问题已经成为公司治理研究领域的重要问题之一。企业所有权和经营权的分离会在所有者（委托人）和经营者（代理人）之间形成一定程度的信息不对称，当企业的监督与治理机制不健全或较为薄弱时，经营者（代理人）会利用信息优势为其寻租行为提供便利，在经营决策时可能会选择减少股权风险但会增加债权风险的经济项目，或者增加股权价值但会减少企业价值（即减少债权价值）的经济项目（童盼和陆正飞，2005），这会剥夺金融机构的利益或为其带来债务风险。此外，代理成本理论认为，企业债务能够减少现金流量的委托代理成本（Jensen，1986），即降低管理层在企业经营中控制的现金流量，防止管理层利用企业自由现金流进行寻租行为并且促进其与股东之间的利益趋同。当管理层存在着利用现金流量寻租以及过度投资的道德风险时，债务期限结构存在着一定的治理效应，短期债务的治理效应表现为其在一定程度上限制管理层随意使用现金流量的权力，长期债务的治理功能表现为防止管理层的无效率过度投资行为（Hart和Morre，1995；Jensen，1986）。而会计信息可比性可以通过比较、鉴别与评估功能提高企业营业收入预测的精准性，使股东更好地掌握企业未来的经营状况（陈翔宇等，2015），对管理层起到约束与监督的作用的同时，也为管理层的绩效考核与薪酬契约有效性提供决策支持（袁知柱和张小曼，2020）。此外，会计信息可比性的高信息含量可帮助外部债权人与中小股东提高决策效率（Barth 等，2013），增强决策精准性，抑制控股股东对债权人以及中小股东的利益掏空行为。会计信息可比性可以对代理成本起到监督与治理作用，即对短期债务融资抑制代理成本的功能起到一定替代作用，从企业治理与融资层面视角看，高会计信息可比性会提高企业长期债务融资的意愿。因此，会计信息可比性在企业与金融机构双方基于债务期限的博弈中促进了合作。

最后，管理层股权激励可以增强会计信息质量的治理机制以及其向金融机构传递企业经营与治理规范的积极信号（Leland 和 Pyle，1977；林波等，2014），这会强化会计信息可比性对债务期限结构的影响效应；但股权激励一方面可能加剧股东与金融机构的冲突以及增加企业风险承担水平（John 和 John，1993；Shue 和 Townsend，2017），另一方面会通过投资拓展市场与研发新技术提高企业经营风险，以及内部信息与外部信息的不对称程度，从而使金融机构基于风险因素缩短企业债务期限，这会弱化会计信息可比性对债务期限结构的影响效应。本书基本理论框架如图3-1所示。

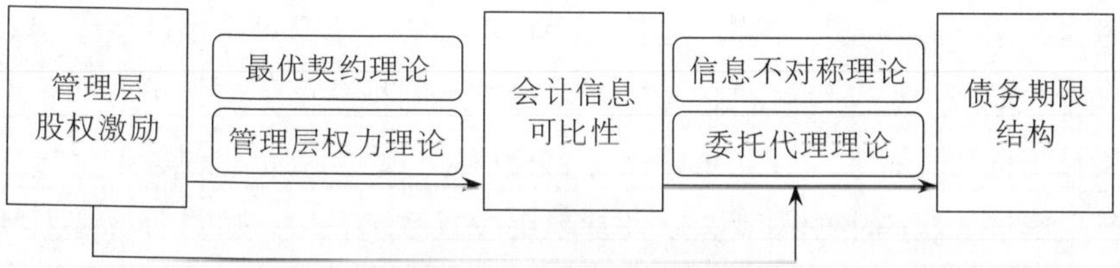

图3-1　基本理论框架图

上述基本理论框架内容为后文考察管理层股权激励对企业会计信息可比性的影响效应、会计信息可比性对企业债务期限结构的影响效应以及管理层股权激励在会计信息可比性对债务期限结构影响效应中的调节作用等问题奠定了坚实的理论基础。

具体而言，一方面，依据最优契约理论，管理层股权激励通过管理层与股东之间的“利益协同”效应对企业会计信息可比性产生积极影响；另一方面，依据管理层权力理论，管理层股权激励通过管理层的

“利益侵占”效应对企业会计信息可比性产生消极的抑制作用。同时，由于管理层股权激励在公司治理作用中的复杂性，也会使上述两种理论并存于管理层股权激励对会计信息可比性的影响效应中。

此外，依据信息不对称理论，会计信息可比性通过抑制企业盈余管理行为提高财务信息透明度与盈余质量、降低信息风险以及与金融机构之间的信息不对称，从而帮助企业获得长期融资；依据委托代理理论，会计信息可比性能够替代短期债务融资对代理成本的抑制作用从而提高企业对长期债务融资的意愿。而基于此，管理层股权激励也将影响会计信息可比性对债务期限结构的作用。可见上述两种理论也并存于会计信息可比性对债务期限结构的影响效应以及管理层股权激励在会计信息可比性对债务期限结构影响效应的调节作用中，因此，上述基本理论框架内容为后文的研究夯实了研究基础。

3.3 本章小结

本章阐述了最优契约理论、管理层权力理论、信息不对称理论以及委托代理理论的主要内容，并且依据最优契约理论和管理层权力理论的内容，剖析与探索了管理层股权激励对企业会计信息可比性产生影响效应的主要观点，从金融机构与企业双方的不同视角基于信息不对称理论和委托代理理论的内容初步阐述了会计信息可比性对企业债务期限结构产生影响效应的主要观点，以及管理层股权激励在会计信息可比性对债务期限结构影响效应中的调节作用问题。

在基本理论框架方面，阐述与界定了本书的基本概念，包括企业管理层、股权激励、会计信息可比性以及债务期限结构等，围绕上述理论基础阐明本书研究的基本理论框架。

首先，从最优契约理论和管理层权力理论内容对管理层股权激励与企业会计信息可比性的关系进行的理论分析中可知，管理层股权激励对会计信息可比性的影响效应往往是这两种理论综合作用的结果。依据最优契约理论，管理层股权激励通过协调管理层与股东之间的利益冲突，促进二者的利益趋同与风险承担，以有效激励机制发挥治理作用，提升企业会计信息可比性；依据管理层权力理论，当股权激励强度增加、管理层逐渐获得企业控制权时，董事会的监督功能减弱，管理层会因此谋取私利导致寻租行为与盈余管理行为，从而降低会计信息可比性。

其次，从信息不对称理论和委托代理理论内容对会计信息可比性与企业债务期限结构的关系进行的理论分析中可知，会计信息可比性对债务期限结构的影响效应往往是这两种理论综合作用的结果。依据信息不对称理论，会计信息可比性通过抑制企业盈余管理行为提高财务信息透明度与盈余质量，降低企业内外部信息不对称程度，基于风险溢价的视角金融机构会选择对高财务信息透明度与盈余质量、信息风险低的企业提高长期债务融资支持力度；依据委托代理理论，会计信息可比性通过替代短期债务融资对代理成本的抑制作用提高企业对长期债务融资的意愿；会计信息可比性在企业与金融机构双方的博弈中促进了合作。

最后，基于调节效应的视角分析，管理层股权激励会强化会计信息可比性对债务期限结构的影响效应，也可能弱化这一影响效应。

4 管理层股权激励对企业会计信息可比性的影响效应

基于“公司治理→经营行为→财务后果”的企业运行机制（李维安，2011）可知，管理层股权激励作为一种公司治理机制并不会直接作用于会计信息可比性，而是通过企业经营行为间接地对其产生影响。因此，有必要从企业经营行为的角度研究管理层股权激励对会计信息可比性影响的微观机理。而企业战略反映了企业的一系列经营行为，战略不同的企业将会呈现差异化的经营行为与资源配置形式（Mintzberg，1978；孙健等，2016）。基于上述背景，本章借鉴 Miles 和 Snow（1978，2003）的企业战略激进度研究方法，首先探究管理层股权激励将如何影响企业会计信息可比性。对此，股权激励将体现为最优契约强化治理，还是管理层权力的“自由裁量”？这一关系存在的原因是什么？其次，将深入研究企业战略激进度是否受到股权激励引起的管理层经营决策改变的影响，是否作为中介渠道对会计信息可比性产生作用，其具体效应又是什么。此外，将进一步分析行业特征、外部审计质量以及企业所有权性质等因素对管理层股权激励与会计信息可比性之间的关系产生的影响。

4.1 理论分析与研究假设

4.1.1 管理层股权激励对会计信息可比性的影响效应

最优契约理论认为，股权激励能够协调管理层与股东之间的利益冲突，促进二者的利益趋同与风险承担，以有效激励机制发挥治理作用提升企业绩效，表现为“利益协同”效应。企业绩效决定了管理层股权激励能否行权以及行权后的收益水平，因此，管理层具有强烈的动机提升企业业绩。Manso（2011）研究发现，股权激励能够通过管理层在投资与创新两方面提升企业业绩。在投资方面，会计信息可比性在企业资源配置中发挥着重要作用，它能够为管理层提供投资决策的参照信息，确定投资价值以及识别潜在风险，进而提升投资效率（袁振超和饶品贵，2018）；此外，高会计信息可比性能够在企业并购投资中降低并购溢价、并购后的商誉损失以及资产剥离的可能性，有利于提升并购协同效应（Chen 等，2018）。在创新方面，会计信息可比性会对信息传递产生积极作用（De Franco 等，2011），通过降低管理层与股东之间的信息不对称并缓解外部融资约束以此改善企业创新的意愿与能力，对企业创新产生促进作用（江轩宇等，2017）。因此，在最优契约理论框架下，因业绩动因管理层会努力提高企业会计信息可比性。

基于管理层权力理论，随着管理层股权激励增加获得企业控制权时，董事会的监督功能减弱，管理层会因此谋取私利，此时股权激励表现为“利益侵占”效应。不完备契约下的寻租行为是企业盈余管理发生的必然原因，管理层通过履职尽责与勤勉敬业的工作仍不能达到行权条件时，因声誉与行权获利的需求，操控盈余提高企业业绩将成为其行权的手段。Benmelech 等（2010）研究发现，管理层股权激励与盈余管理、财务报告误报与重述有关，并且会诱发管理层隐藏关于企业发展机会的坏消息。从动机角度看，股权激励强度越大，管理层盈余管理的动机越强，股权激励强度会促进企业盈余管理行为（张静和陈淑芳，2021；Kedia 和 Philippon，2009）。此外，Bergstresser 和 Philippon（2006）研究发现，管理层股权激励强度会影响企业盈余管理程度，激励数量每增加1%将引起盈余管理程度增加11%。而盈余管理行为会降低企业财务信息透明度与盈余质量（胥朝阳和刘睿智，2014），进而降低企业会计信息可比性。

综上所述，本书认为管理层股权激励对会计信息可比性的影响存在“壕沟效应”，当激励水平低于某一临界点时，管理层股权激励会提高企业会计信息可比性，当激励水平高于某一临界点时，管理层股权激励会降低企业会计信息可比性。据此，本章提出研究假设H4-1：

H4-1：管理层股权激励对会计信息可比性的作用呈现倒U形关系。

4.1.2 管理层股权激励、企业战略激进度与会计信息可比性

“战略”这一词汇最早出现于中国西晋时期，其指“作战的谋略”，英文出自古希腊语“stratos”一词，为军队的意思，而企业战略的概念源自于管理学科。企业战略是企业根据环境变化，结合自身经营能力与成长动态轨迹，确定长远发展目标，并为达成目标合理配置资源做出一系列有组织的经营行为。无论企业是否事前对战略有所考虑，只要有具体的经营行为，就有企业战略，企业战略反映了企业的一系列经营行为，并且实施不同战略类型的企业，其经营行为与控制权配置形式也呈现出显著差异（Mintzberg，1978；Mintzberg，1987；孙健等，2016）。当竞争对手不能复制或者无法模仿企业实施的战略时，那么企业就获得了竞争优势。

企业战略是管理层决策与控制企业经营行为的纲领。Miles 和 Snow（1978，2003）研究发现，战略激进度高的企业通过投资拓展市场、研发新技术增强核心竞争力；战略激进度低的企业通过降低商品价格、提升售后服务与商品品质保持竞争力。首先，管理层股权激励为企业投资拓展市场、研发新技术提供了外部融资条件。管理层股权激励通过发挥向金融机构传递企业质量的积极信号和降低信息不对称的有效机制，提高企业债务融资水平（徐尧和洪卫青，2018）。其次，

在投资与研发新技术方面，管理层股权激励通过强化管理层与股东之间的“利益协同”效应，提高企业对外投资水平，管理层股权激励强度越大，企业对外投资的频率越高，投资水平越高（卢闯等，2015；文雯等，2020）。管理层股权激励通过使管理层分享研发新技术带来的增量剩余收益，能够有效提升管理层对研发创新的支持力度，提升企业创新能力（杨慧辉等，2020）；并且管理层股权激励通过提升管理层的风险承担水平促进企业研发投入，激励强度越大，企业研发投入的水平越高（朱德胜，2019）。因此，管理层股权激励会通过提升投资与研发投入水平提高企业战略激进度。

会计信息系统论认为会计信息是财务行为的具体反映，而战略通过影响企业竞争模式与内部资源配置形式影响企业财务行为，进而影响产出的会计信息质量。Dichev 等（2013）研究发现，战略是影响企业会计信息的重要因素。通过投资拓展市场和研发新技术提高战略激进度，在经营方面会提升企业与外部的信息不对称程度，增加企业经营的不确定性和经营风险（翟淑萍等，2019）；在财务方面更容易存在过度投资与股价崩盘风险从而形成财务困境（孙健等，2016；Navissi，2017）。基于会计信息系统论，经营不确定性与经营风险越大，企业在会计政策与会计估计上越需要更多的选择判断，越可能导致会计信息加工规则异化，进而降低会计信息可比性（张先治和季侃，2011；张先治等，2018）。而战略激进度高的企业会因财务困境面临更高的融资需求进而提高盈余管理程度（孙健等，2016），降低企业会计信息可比性。

综上所述，管理层股权激励会提高企业战略激进度，但高战略激进度会降低企业会计信息可比性。据此，本章提出研究假设H4-2：

H4-2：企业战略激进度在管理层股权激励对会计信息可比性的影响效应中发挥负向中介作用。

综合上述理论分析与研究假设，本章的研究逻辑如图4-1所示：

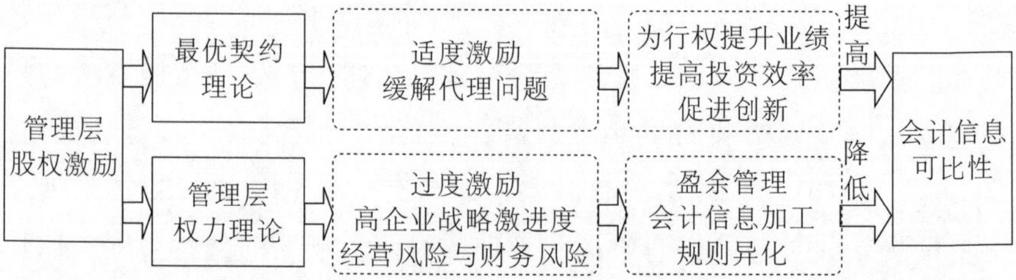

图4-1 研究逻辑图

4.2 研究设计

4.2.1 样本数据

以中国资本市场A股2008—2018年上市公司数据为初始样本，在这一初始样本基础上进行如下筛选程序：①剔除金融及保险类行业；②剔除ST、*ST的公司样本；③剔除财务数据缺失及异常值样本。经过上述筛选，得到12 734个公司年度（Firm-Year）样本观察值，涉及16个行业，涵盖11个年份。为消除极端值对研究结论的影响，依照惯例按1%、99%分位对连续变量进行Winsorize处理，相关数据均来自CSMAR数据库及Wind资讯金融终端。

4.2.2 变量定义

1.被解释变量：会计信息可比性（CompAcct）

公司i与行业内其他公司配对组合的会计信息可比性均值。借鉴De Franco等（2011）、袁振超和饶品贵（2018）的研究方法构建会计信息可比性的度量模型。一是根据公司第t期前16个季度数据构建模型（4.1）估算会计系统。

$$Earnings_{i,t} = \alpha_i + \beta_i Return_{i,t} + \varepsilon_{i,t} \tag{4.1}$$

其中，Earnings为季度净利润与期初权益市场价值的比值；Return为季度股票收益率。拟合方程可得公司i的会计系统转换函数$\hat{\alpha}_i$、$\hat{\beta}_i$，同理，可得公司j的会计系统转换函数$\hat{\alpha}_j$、$\hat{\beta}_j$。二是将模型

（4.1）得到的转换函数代入模型（4.2）和模型（4.3）中，计算公司i和公司j的预期盈余，$E(Earnings)_{iit}$ 与 $E(Earnings)_{ijt}$ 分别为根据各自的会计系统转换函数和第t期公司i、公司j的季度股票收益率计算出的预期盈余。

$$E(Earnings)_{iit} = \hat{\alpha}_i + \hat{\beta}_i Return_{it} \tag{4.2}$$

$$E(Earnings)_{ijt} = \hat{\alpha}_j + \hat{\beta}_j Return_{it} \tag{4.3}$$

两家公司的会计系统越是相似，在季度股票收益率相同的情况下，两家公司的预期盈余也越接近，用二者的差异衡量两家公司的会计信息可比性。根据模型（4.4）计算公司i和公司j的会计信息可比性。三是将公司i依次与行业内所有公司一一配对，计算公司i全部组合的会计信息可比性并取均值，即为公司i的会计信息可比性，其值越大，会计信息可比性越高。

$$CompAcct_{ijt} = -1/16 \times \sum_{t-15}^{t} \left| E(Earnings)_{iit} - E(Earnings)_{ijt} \right| \tag{4.4}$$

2.解释变量：管理层股权激励（Msharerate）

在实践中，管理层股权激励的模式具有复杂性，但无论何种激励模式最终都将体现在被激励对象持股比例的增减变动方面（上海证券交易所，2004）。借鉴韦琳等（2021）、李世辉等（2021）、屈恩义和朱方明（2017）、王生年和朱艳艳（2017）、李小荣和张瑞君（2014）、汤业国和徐向艺（2012）的研究，采用董事、监事和高级管理人员持股总额占总股本的比重度量管理层股权激励强度。

3.中介变量：企业战略激进度（Strategy）

Porter（1980）拥有“战略之父”的美誉，其将企业战略划分为成本型战略与差异型战略，这为后续学者的企业战略研究确立了研究基础。随后，在研究中，企业战略被划分为探索型战略、利用型战略、产品竞争型战略、高效运营型战略与亲密顾客型战略等（March，1991；Treacy 和 Wiersema，1995）。Miles 和 Snow（1978，2003）按照激进程度将企业战略划分为进攻型战略、防御型战略和分析型战略。虽然企业战略被划分成不同类型，但既有研究表明它们仍存在共性（Dent，1990；Langfield-Smith，1997）。更为重要的是，Bentley 等（2013）研究发现，Miles 和 Snow（1978，2003）按照战略激进程度的类型划分不仅能够涵盖已有的主流战略类型，并且能够利用档案数据进行度量（Ittner 等，1997）。

正如以上文献所阐述，企业战略虽然有多种划分形式，但其基本属性是相同的并且存在共性，都是对企业整体性、长期性、基本性问题的谋略。Miles 和 Snow（1978，2003）的研究认为，进攻型战略企业经营激进程度较高，通过投资拓展市场新领域、研发新技术以增强其核心竞争力；防御型战略企业经营较为稳健，通过降低产品价格、提升售后服务与产品品质保持竞争力；分析型战略企业介于二者之间。Bentley 等（2013）根据Miles 和 Snow（1978，2003）的划分，从以下六个方面进行解释和测度企业战略激进度。第一，企业研发新产品与技术的倾向，以企业研发支出占销售收入的比重反映。企业只有通过不断地研发创新才能适应多变的市场环境、抓住新的发展机遇，而技术研发创新是企业创新的核心内容，通过技术研发形成的新产品会有助于企业拓展新兴市场。相比防御型战略企业，进攻型战略企业通过投资拓展市场新领域、研发新技术以增强其核心竞争力，其会投入更多的研发支出（Hambrick，1983），因此，这一比重较高。第二，生产、分销产品与服务的效率，以企业员工人数与销售收入的比值反映。人力资本是企业最为重要的资本。防御型战略企业经营稳健，通过低产品价格与优质售后服务保持竞争力，更加重视员工服务效率，这一比值较低；进攻型战略企业因投资拓展新兴市场会增加员工人数，组织效率会降低，因此，这一比值较高（Thomas 等，1991）。第三，企业历史成长性，以企业营业收入的历史增长率反映。进攻型战略企业锐意进取，拥有更强的企业成长力，总体上看其营业收入增长较快；防御型企业更倾向于依赖内部积累的稳健经营方式，其营业收入增长较为缓慢。第四，对新产品与技术服务的专注度，以企业销售费用与管理费用之和占销售收入的比重反映。为拓展新兴市场，进攻型战略企业会投入更多的营销培训费用、与维护客户关系相关的营销费用等，因此这一比重较高，防御型战略企业则反之（Hambrick，1983）。第五，企业组织稳定性，以企业员工人数过去5年的标准差反映。进攻型战略企业为适应新兴市场环境的变化，员工聘期较短，并且为进入市场新领域会根据技术与产品更新企业员工，因此组织波动性较大，而防御型战略企业则反之（Miles 和 Snow，1978，2003）。第六，企业资本密集度，以企业固定资产净额占资产总额的比重反映。为应对市场环境的变化，进攻型战略企业更加强调人员的作用、组织的灵活性，因此通常具有较高的人力资源密集度和较低的资本密集度，而防御型战略企业则反之（Hambrick，1983）。

进攻型战略企业的激进程度较高，因此会投入更多的研发经费进行创新、雇用较多的员工、拥有较高的营业收入增长率、投入更多的营销费用，但组织波动性较大并且会投入较少的生产型资产。战略不同并不是因为企业所处行业的不同，相反，Miles 和 Snow（1978，2003）、Bentley 等（2013）认为在任何行业都会存在采用不同战略的企业，这才是均衡的市场状况。本书借鉴 Bentley 等（2013）、孙健等（2016）、王百强等（2018）的研究，从上文分析的六个方面构建企业战略激进度指标，见表4-1。由于中国研发数据披露时间较晚，借鉴王化成等（2016）的研究，使用无形资产净额替代研发支出。计算所有变量过去5年的移动均值，按“年度-行业”样本将变量升序排列均分为五组，除资本密集度以外，依次赋值0～4分，资本密集度依次赋值4～0分，然后将上述变量的赋值加总，得到取值为0～24的企业战略激进度指标Strategy。Strategy值越大表明企业越表现为进攻型战略，战略激进度越高。

表4-1 **企业战略激进度度量**

名称	定义	说明
研发新产品与技术的倾向	研发支出与营业收入之比	战略越激进，越会投入更多的研发支出进行创新
生产、分销产品与服务的效率	员工人数与营业收入之比	战略越激进，越加注重组织绩效，雇员较多
历史成长性	营业收入历史增长率	战略越激进，生产能力扩充较快，营业收入增长率越高

续表

名称	定义	说明
对新产品和技术服务的专注度	销售费用与管理费用之和与营业收入之比	战略越激进，越会投入更多资本在产品和服务研发中，专注度更高
组织稳定性	员工人数过去五年的标准差	战略越激进，组织波动性越大，员工任期越短
资本密集度	固定资产净额与资产总额之比	战略越激进，越会较少投资于生产型资产

4.控制变量

参考翟淑萍等（2020）、刘斌等（2019）、张列柯等（2019）、张先治等（2018）、张晓和肖志超（2018）的研究，选取控制变量如下：公司规模（Size）、资产负债率（Lev）、公司成长机会（Growth）、盈利能力（ROA）、经营现金流量（FCF）、资本密集度（Tang）、总资产周转率（Turnover）、独立董事比例（Indboard）、二职合一（Dual）、第一大股东持股比率（Oneratio）。此外，本书还将控制行业与年度效应对会计信息可比性的影响。变量定义见表4-2。

表4-2 **变量定义表**

变量名称	变量符号	变量说明
管理层股权激励	Msharerate	董事、监事以及高级管理人员持股总额占总股本的比重
会计信息可比性	CompAcct	公司i与行业内其他公司配对组合的会计信息可比性均值
公司规模	Size	总资产的自然对数
资产负债率	Lev	负债总额/资产总额
公司成长机会	Growth	营业收入增长率

续表

变量名称	变量符号	变量说明
盈利能力	ROA	总资产收益率
经营现金流量	FCF	经营活动现金流量净额/资产总额
资本密集度	Tang	固定资产/资产总额
总资产周转率	Turnover	营业收入/资产总额
独立董事比例	Indboard	独立董事人数/董事会人数
二职合一	Dual	董事长与总经理兼任时取值为1，否则为0
第一大股东持股比率	Oneratio	第一大股东持股比例
年度	Year	2008—2018年度，样本所在年份赋值为1，否则为0
行业	Industry	公司所在行业赋值为1，否则为0

4.2.3 模型设计

根据本章的理论分析，建立模型（4.5）以验证管理层股权激励对企业会计信息可比性的影响效应。并借鉴温忠麟和叶宝娟（2014）与Baron和Kenny（1986）的中介效应研究方法建立模型（4.6）、模型（4.7）和模型（4.8）检验企业战略激进度在这一影响效应中发挥的负向中介作用。

$$\begin{aligned} CompAcct_{i,t} = {} & \alpha_0 + \beta_1 Msharerate_{i,t} + \beta_2 sqMsharerate_{i,t} + \beta_3 Size_{i,t} + \\ & \beta_4 Lev_{i,t} + \beta_5 Growth_{i,t} + \beta_6 ROA_{i,t} + \beta_7 FCF_{i,t} + \\ & \beta_8 Turnover_{i,t} + \beta_9 Indboard_{i,t} + \beta_{10} Dual_{i,t} + \beta_{11} Oneratio_{i,t} + \\ & \beta_{1,t} Year_t + \beta_{2,i} Industry_i + \varepsilon_{i,t} \end{aligned} \tag{4.5}$$

$$\begin{aligned} Strategy_{i,t} = {} & \alpha_0 + \beta_1 Msharerate_{i,t} + \beta_2 sqMsharerate_{i,t} + \beta_3 Size_{i,t} + \\ & \beta_4 Lev_{i,t} + \beta_5 Growth_{i,t} + \beta_6 ROA_{i,t} + \beta_7 FCF_{i,t} + \\ & \beta_8 Turnover_{i,t} + \beta_9 Indboard_{i,t} + \beta_{10} Dual_{i,t} + \beta_{11} Oneratio_{i,t} + \\ & \beta_{1,t} Year_t + \beta_{2,i} Industry_i + \varepsilon_{i,t} \end{aligned} \tag{4.6}$$

$$\begin{aligned} CompAcct_{i,t} = {} & \alpha_0 + \beta_1 Strategy_{i,t} + \beta_2 Size_{i,t} + \beta_3 Lev_{i,t} + \beta_4 Growth_{i,t} + \\ & \beta_5 ROA_{i,t} + \beta_6 FCF_{i,t} + \beta_7 Turnover_{i,t} + \beta_8 Indboard_{i,t} + \\ & \beta_9 Dual_{i,t} + \beta_{10} Oneratio_{i,t} + \beta_{1,t} Year_t + \beta_{2,i} Industry_i + \varepsilon_{i,t} \end{aligned} \tag{4.7}$$

$$
\begin{aligned}
CompAcct_{i,t} = {} & \alpha_0 + \beta_1 Msharerate_{i,t} + \beta_2 sqMsharerate_{i,t} + \beta_3 Strategy_{i,t} + \\
& \beta_4 Size_{i,t} + \beta_5 Lev_{i,t} + \beta_6 Growth_{i,t} + \beta_7 ROA_{i,t} + \beta_8 FCF_{i,t} + \\
& \beta_9 Turnover_{i,t} + \beta_{10} Indboard_{i,t} + \beta_{11} Dual_{i,t} + \beta_{12} Oneratio_{i,t} + \\
& \beta_{1,t} Year_t + \beta_{2,i} Industry_i + \varepsilon_{i,t}
\end{aligned} \tag{4.8}
$$

其中，α_0代表截距项，β_i表示回归系数，$\varepsilon_{i,t}$代表扰动项。

4.3 实证检验与结果分析

4.3.1 描述性统计分析

本章的主要变量描述性统计见表4-3。为了防止极端值对研究结论造成的影响，已经对所有连续变量按1%、99%分位进行Winsorize处理。由表4-3可知，管理层股权激励（Msharerate）的均值为0.059，标准差为0.130，最小值为0，最大值为0.588；会计信息可比性（CompAcct）的均值为-0.009，标准差为0.005，最小值为-0.030，最大值为-0.003，这与方红星等（2017）、张先治等（2018）、林钟高和李文灿（2021）等研究文献的统计较为接近，表明资本市场中不同企业的管理层股权激励与会计信息可比性差异明显。企业战略激进度（Strategy）的均值为11.719，标准差为3.875，最小值为3，最大值为21，表明资本市场中企业战略激进度存在明显的异质性特征。从其他控制变量的统计特征来看，大部分变异程度相对较大，但值得注意的是，第一大股东持股比例（Oneratio）的均值高达34.535%，说明其在公司治理中的功能不可忽视。

表4-3 **主要变量描述性统计**

变 量	样本量	均值	标准差	最小值	最大值	中位数
Msharerate	12 734	0.059	0.130	0	0.588	0.000
Strategy	12 734	11.719	3.875	3	21	12
CompAcct	12 734	-0.009	0.005	-0.030	-0.003	-0.008
Size	12 734	22.358	1.279	19.667	26.164	22.2
Lev	12 734	0.480	0.201	0.069	0.922	0.487

续表

变 量	样本量	均值	标准差	最小值	最大值	中位数
Growth	12 734	0.163	0.405	-0.523	2.581	0.100
ROA	12 734	0.039	0.056	-0.168	0.224	0.033
FCF	12 734	0.047	0.071	-0.161	0.252	0.045
Tang	12 734	0.241	0.175	0.002	0.750	0.207
Turnover	12 734	0.664	0.469	0.066	2.613	0.554
Indboard	12 734	0.371	0.053	0.308	0.571	0.333
Dual	12 734	0.189	0.392	0	1	0
Oneratio	12 734	34.535	14.959	8.260	74.30	32.510

4.3.2 多元回归结果与分析

表4-4列示了管理层股权激励对会计信息可比性影响效应检验的回归结果，列（1）是仅加入管理层股权激励（Msharerate）和控制变量的多元线性回归结果。可以看出，管理层股权激励（Msharerate）对会计信息可比性（CompAcct）的影响效应呈现显著正向作用。列（2）是模型（4.5）的回归结果，管理层股权激励（Msharerate）的系数为0.007，其平方项的系数为-0.010，并且均在1%水平上显著。倒U形的转折点为0.350［0.007/2×0.010］，位于管理层股权激励强度的取值区间［0，0.588］内，证明管理层股权激励对会计信息可比性的影响效应不是线性的，而是存在“壕沟效应”呈现先提高后降低的倒U形关系，本章研究假设H4-1得到验证。列（3）～列（5）是模型（4.6）～模型（4.8）即企业战略激进度作为中介作用的检验结果，列（3）管理层股权激励（Msharerate）的系数为6.240，且在1%水平上显著，表明管理层股权激励对企业战略激进度具有显著正向影响效应；其平方项（sqMsharerate）的系数为-6.109，且在1%水平上显著，表明管理层股权激励对企业战略激进度的影响效应也呈现一定的倒U形关系。列（4）企业战略激进度（Strategy）的系数在1%水平上显著为负，表明企业战略激进度降低了会计信息可比性，为管理层股权激励

影响会计信息可比性的中介渠道。列（5）管理层股权激励（Msharerate）的系数在1%水平上显著为正，其平方项（sqMsharerate）的系数在1%水平上显著为负，与主效应保持一致即管理层股权激励对会计信息可比性的影响效应呈现倒U形关系，在此基础上，企业战略激进度（Strategy）的系数在1%水平上显著为负，表明企业战略激进度在管理层股权激励对会计信息可比性的影响效应中发挥负向中介作用，本章研究假设H4-2得到验证。

表4-4 **管理层股权激励对会计信息可比性影响效应检验**

变量	CompAcct（1）	CompAcct（2）	Strategy（3）	CompAcct（4）	CompAcct（5）
Msharerate	0.003***	0.007***	6.240***		0.007***
	（12.002）	（8.765）	（7.335）		（9.241）
sqMsharerate		-0.010***	-6.109***		-0.010***
		（-6.114）	（-3.369）		（-6.360）
Strategy				-0.000***	-0.000***
				（-4.879）	（-6.052）
Size	-0.001***	-0.001***	0.137***	-0.001***	-0.001***
	（-16.666）	（-16.768）	（4.532）	（-17.102）	（-16.573）
Lev	-0.003***	-0.003***	1.321***	-0.003***	-.0003***
	（-9.515）	（-9.353）	（6.096）	（-9.953）	（-9.171）
Growth	0.001***	0.001***	1.990***	0.001***	0.001***
	（5.913）	（5.775）	（25.644）	（7.286）	（6.874）
ROA	0.009***	0.009***	1.613**	0.009***	0.009***
	（7.090）	（7.068）	（2.254）	（7.381）	（7.189）
FCF	-0.003***	-0.003***	0.760	-0.003***	-0.003***
	（-4.596）	（-4.621）	（1.437）	（-4.593）	（-4.563）

续表

变量	CompAcct (1)	CompAcct (2)	Strategy (3)	CompAcct (4)	CompAcct (5)
Tang	-0.003***	-0.003***	-5.903***	-0.003***	-0.003***
	(-8.297)	(-8.195)	(-25.751)	(-9.263)	(-9.085)
Turnover	-0.001***	-0.001***	-2.434***	-0.001***	-0.001***
	(-6.461)	(-6.448)	(-33.903)	(-7.526)	(-7.595)
Indboard	0.001	0.001	0.807	0.001	0.001
	(0.999)	(1.164)	(1.378)	(1.271)	(1.239)
Dual	-0.000	-0.000*	0.203**	0.000	-0.000
	(-1.498)	(-1.739)	(2.419)	(0.156)	(-1.613)
Oneratio	0.000***	0.000***	-0.007***	0.000***	0.000***
	(3.583)	(4.506)	(-3.039)	(2.591)	(4.357)
Constant	0.010***	0.010***	11.081***	0.011***	0.010***
	(8.927)	(8.881)	(16.999)	(10.232)	(9.588)
Year/ Industry	Control	Control	Control	Control	Control
Observations	12 734	12 734	12 734	12 734	12 734
Adj-R^2	0.295	0.296	0.187	0.292	0.398

注：***、**和*分别表示在1%、5%和10%水平上显著；括号中的数据为t值。

4.4 稳健性检验

为了增强本章研究结论的稳健性，本节从改变被解释变量、解释变量与中介变量的度量方法以及内生性问题等方面检验本章的研究内容。

1.改变管理层股权激励度量方法

借鉴韦琳（2021）的研究，采用高级管理人员持股总额占总股本的比重度量管理层股权激励（Gsharerate）强度进行重新检验，回归结果见表4-5列（1）～列（4），列（1）管理层股权激励（Gsharerate）的系数为0.010，其平方项（sqGsharerate）的系数为-0.019，且均在1%水平上显著，表明管理层股权激励对会计信息可比性影响效应的倒U形关系依然显著。列（2）～列（4）为模型（4.6）~模型（4.8）即企业战略激进度作为中介作用的检验结果，列（2）管理层股权激励（Gsharerate）的系数为6.951，且在1%水平上显著，表明管理层股权激励对企业战略激进度具有显著正向影响效应；其平方项（sqGsharerate）的系数为-7.368，且在5%水平上显著，表明管理层股权激励对企业战略激进度的影响效应也呈现一定的倒U形关系。列（3）企业战略激进度（Strategy）的系数在1%水平上显著为负，表明企业战略激进度降低了会计信息可比性，为管理层股权激励影响会计信息可比性的中介渠道。列（4）管理层股权激励（Gsharerate）的系数在1%水平上显著为正，其平方项（sqGsharerate）的系数在1%水平上显著为负，与主效应保持一致即管理层股权激励对会计信息可比性的影响效应呈现倒U形关系，在此基础上，企业战略激进度（Strategy）的系数在1%水平上显著为负，表明企业战略激进度仍然在管理层股权激励对会计信息可比性的影响效应中发挥负向中介作用，本章研究假设H4-1和H4-2仍然成立。

2.改变会计信息可比性度量方法

Cooper和Cordeiro（2008）研究发现，投资者更倾向于参考行业内会计信息可比性较高的几家公司进行评估，借鉴江轩宇等（2017）、张勇（2020）的研究，以会计信息可比性最高的十对组合的平均值度量会计信息可比性（CompAcct10）进行重新检验，回归结果见表4-5列（5）～列（8），列（5）管理层股权激励（Msharerate）的系数为0.005，其平方项（sqMsharerate）的系数为-0.007，且均在1%水平上显著，表明管理层股权激励对会计信息可比性影响效应的倒U形关系依然显著。列（6）管理层股权激励（Msharerate）的系数为6.240，且在1%水平上显著，其平方项（sqMsharerate）的系数为-6.109，且在1%水平上显著；列（7）企业战略激进度（Strategy）的系数在1%水平上显著为负；列（8）管理层股权激励（Msharerate）的系数在1%水平上显著为正，其平方项（sqMsharerate）的系数在1%水平上显著为负，企业战略激进度（Strategy）的系数在1%水平上显著为负，表明企业战略激进度仍然在管理层股权激励对会计信息可比性的影响效应中发挥负向中介作用，本章研究假设H4-1和H4-2仍然成立。

表4-5　**改变管理层股权激励与会计信息可比性度量稳健性检验**

变量	CompAcct (1)	Strategy (2)	CompAcct (3)	CompAcct (4)	CompAcct10 (5)	Strategy (6)	CompAcct10 (7)	CompAcct10 (8)
Gsharerate	0.010***	6.951***		0.011***				
	(9.413)	(5.785)		(9.772)				
sqGsharerate	-0.019***	-7.368**		-0.020***				
	(-7.649)	(-2.531)		(-7.820)				
Msharerate					0.005***	6.240***		0.005***
					(8.448)	(7.335)		(8.843)
sqMsharerate					-0.007***	-6.109***		-0.007***
					(-6.198)	(-3.369)		(-6.409)
Strategy			-0.000***	-0.000***			-0.000***	-0.000***
			(-4.879)	(-5.525)			(-4.102)	(-5.084)
Size	-0.001***	0.120***	-0.001***	-0.001***	-0.001***	0.137***	-0.001***	-0.001***
	(-17.000)	(3.960)	(-17.102)	(-16.840)	(-15.432)	(4.532)	(-15.729)	(-15.255)
Lev	-0.003***	1.197***	-0.003***	-0.003***	-0.002***	1.321***	-0.002***	-0.002***
	(-9.616)	(5.526)	(-9.953)	(-9.474)	(-9.568)	(6.096)	(-10.092)	(-9.409)
Growth	0.001***	2.026***	0.001***	0.001***	0.000***	1.990***	0.000***	0.000***
	(5.986)	(26.000)	(7.286)	(6.977)	(4.122)	(25.644)	(5.445)	(5.071)
ROA	0.009***	1.768**	0.009***	0.009***	0.009***	1.613**	0.009***	0.009***
	(7.183)	(2.453)	(7.381)	(7.299)	(9.656)	(2.254)	(9.942)	(9.769)
FCF	-0.003***	0.754	-0.003***	-0.003***	-0.002***	0.760	-0.002***	-0.002***
	(-4.596)	(1.420)	(-4.593)	(-4.544)	(-3.166)	(1.437)	(-3.143)	(-3.113)

续表

变量	CompAcct (1)	Strategy (2)	CompAcct (3)	CompAcct (4)	CompAcct10 (5)	Strategy (6)	CompAcct10 (7)	CompAcct10 (8)
Tang	-0.003***	-5.966***	-0.003***	-0.003***	-0.002***	-5.903***	-0.002***	-0.002***
	(-8.339)	(-25.982)	(-9.263)	(-9.122)	(-7.520)	(-25.751)	(-8.39)	(-8.228)
Turnover	-0.001***	-2.451***	-0.001***	-0.001***	-0.001***	-2.434***	-0.001***	-0.001***
	(-6.590)	(-34.063)	(-7.526)	(-7.609)	(-7.245)	(-33.903)	(-8.045)	(-8.113)
Indboard	0.001	0.820	0.001	0.001	0.001	0.807	0.001	0.001
	(1.238)	(1.397)	(1.271)	(1.306)	(1.312)	(1.378)	(1.378)	(1.375)
Dual	-0.000***	0.068	0.000	-0.000***	-0.000	0.203**	0.000	-0.000
	(-2.619)	(0.747)	(0.156)	(-2.592)	(-1.370)	(2.419)	(0.278)	(-1.259)
Oneratio	0.000***	-0.010***	0.000***	0.000***	0.000***	-0.007***	0.000*	0.000***
	(4.011)	(-4.349)	(2.591)	(3.812)	(3.724)	(-3.039)	(1.946)	(3.599)
Constant	0.010***	11.646***	0.011***	0.011***	0.008***	11.081***	0.009***	0.009***
	(9.210)	(17.906)	(10.232)	(9.888)	(10.076)	(16.999)	(11.244)	(10.682)
Year/Industry	Control	Control	Control	Control	Control	Control	Control	Control
Observations	12 734	12 734	12 734	12 734	12 734	12 734	12 734	12 734
Adj-R^2	0.294	0.182	0.292	0.296	0.232	0.187	0.229	0.233

注：***、**和*分别表示在1%、5%和10%水平上显著；括号中的数据为t值。

3.改变企业战略激进度的度量

为确保研究结论不受企业战略激进度度量方法的影响，参考Bentley等（2013）、王百强等（2018）的研究方法，将研究样本按照企业战略激进度（Strategy）的四分位值分组，将低企业战略激进度虚拟变量Defe定义为当企业属于Strategy最小的25%样本（Strategy≤9）时取1，否则取0。以此进行重新检验，回归结果见表4-6列（1）~列（3），列（1）管理层股权激励（Msharerate）对低企业战略激进度（Defe）的系数为-0.710，其平方项（sqMsharerate）的系数为0.902，均在1%水平上显著；列（2）低企业战略激进度（Defe）的系数在1%水平上显著为正；列（3）管理层股权激励（Msharerate）的系数为0.007，其平方项（sqMsharerate）的系数为-0.010，均在1%水平上显著，在此基础上，低企业战略激进度（Defe）的系数在1%水平上显著为正，表明企业战略激进度依然在管理层股权激励对会计信息可比性的影响效应中作为负向中介作用存在，本章研究假设H4-2仍然成立。

4.缓解实证研究的内生性问题

本章采用工具变量法（IV）与二阶段最小二乘法（2SLS）缓解研究结论的内生性问题，借鉴陈效东等（2016）的研究，以企业所属行业省份内其他企业管理层股权激励的均值（Msharerate_Ins）作为工具变量进行检验，回归结果见表4-6列（4）、列（5）。列（4）工具变量（Msharerate_Ins）的系数为0.284，在1%水平上显著，列（5）管理层股权激励（Msharerate）的系数为0.087，在1%水平上显著，其平方项（sqMsharerate）的系数为-0.212，在1%水平上显著，并且运用estat firststage命令进行弱工具变量检验F统计量为88.3135，即拒绝“存在弱工具变量”的原假设。这表明本章的研究在控制内生性问题后，研究结论依然成立，管理层股权激励对会计信息可比性的影响效应呈现倒U形关系，进一步增强了本章研究结论的稳健性。

表4-6　　改变企业战略激进度度量与内生性问题稳健性检验

变量	Defe （1）	CompAcct （2）	CompAcct （3）	Msharerate （4）	CompAcct （5）
Msharerate	-0.710***		0.007***		0.087***
	(-7.533)		(9.197)		(4.136)
sqMsharerate	0.902***		-0.010***		-0.212***
	(4.582)		(-6.400)		(-3.647)
Defe		0.000***	0.001***		
		(4.991)	(5.879)		
Msharerate_Ins				0.284***	
				(12.064)	

续表

变量	Defe (1)	CompAcct (2)	CompAcct (3)	Msharerate (4)	CompAcct (5)
Size	-0.019***	-0.001***	-0.001***	-0.012***	-0.001***
	(-4.982)	(-17.079)	(-16.572)	(-11.855)	(-10.294)
Lev	-0.106***	-0.003***	-0.003***	-0.071***	-0.002***
	(-4.117)	(-9.983)	(-9.233)	(-9.961)	(-5.479)
Growth	-0.156***	0.001***	0.001***	0.024***	0.001***
	(-21.017)	(7.015)	(6.469)	(7.868)	(3.390)
ROA	-0.211**	0.009***	0.009***	0.066**	0.009***
	(-2.555)	(7.373)	(7.176)	(2.569)	(5.624)
FCF	-0.153**	-0.003***	-0.003***	-0.017	-0.004***
	(-2.412)	(-4.555)	(-4.521)	(-1.045)	(-4.005)
Tang	0.463***	-0.003***	-0.003***	-0.031***	-0.002***
	(16.159)	(-9.197)	(-8.891)	(-4.625)	(-5.515)
Turnover	0.253***	-0.001***	-0.001***	-0.011***	-0.001***
	(26.457)	(-7.420)	(-7.393)	(-4.914)	(-5.587)
Indboard	-0.040	0.001	0.001	0.069***	0.004**
	(-0.563)	(1.232)	(1.195)	(3.184)	(2.508)
Dual	-0.015	0.000	-0.000*	0.049***	-0.000
	(-1.551)	(0.093)	(-1.667)	(13.923)	(-0.262)
Oneratio	0.001***	0.000**	0.000***	-0.001***	0.000***
	(3.386)	(2.574)	(4.342)	(-11.213)	(4.409)
Constant	0.411***	0.010***	0.010***	0.300***	0.012***
	(4.924)	(9.486)	(8.688)	(13.342)	(6.566)

续表

变 量	Defe (1)	CompAcct (2)	CompAcct (3)	Msharerate (4)	CompAcct (5)
Year/Industry	Control	Control	Control	Control	Control
Observations	12 734	12 734	12 734	11 504	11 504
Adj-R^2	0.111	0.292	0.298	0.240	—

注：***、**和*分别表示在1%、5%和10%水平上显著；括号中的数据为t值。

4.5 进一步分析

根据本章的理论分析与实证研究，管理层股权激励与会计信息可比性之所以存在倒U形影响关系，主要原因在于管理层股权激励会通过增加投资与研发投入提高企业战略激进度，而高企业战略激进度一方面会因经营不确定性与经营风险导致会计信息加工规则异化，另一方面会使企业面临财务困境提高盈余管理程度，从而降低会计信息可比性。因高新技术行业是知识与技术密集型行业，商品的主导技术属于高科技领域，对研发创新的依赖性更强，并且当经营环境发生变化时，企业对研发投入具有更强的敏感性（林慧婷等，2018）。而高质量审计会通过评估企业会计政策与会计估计区间选择的合理性，监督管理层遵守会计准则基本要求并确保准则的执行效果。Balsam 等（2003）研究发现，高质量审计会发现并减少财务报告重大错误陈述，并且通过外部治理机制约束管理层操控盈余的行为。此外，基于终极产权理论，国有企业承担着推动经济增长与维护社会稳定的社会责任，也承担着更多的政策性目标；管理层具有官员与职业经理人的双重身份，会在政策性目标与追逐经济利益的战略目标之间权衡。基于此，本章将分别从行业特征、外部审计与企业所有权性质三个方面入手，进一步分析它们在管理层股权激励对会计信息可比性影响效应中的调节作用。

1.按企业所在行业是否为高新技术行业分组检验

参考林慧婷等（2018）的研究以及《上市公司行业分类指引》，按公司所在行业是否为计算机、通信和其他电子设备制造业、化学原料和化学制品制造业、医药制造业、化学纤维制造业、仪器仪表制造业、软件和信息技术服务业分为高新技术行业组与非高新技术行业组，回归结果见表4-7。列（5）~列（8）为非高新技术行业组，列（5）管理层股权激励（Msharerate）与其平方项（sqMsharerate）对会计信息可比性（CompAcct）的影响系数分别为0.010与-0.014，均在1%水平上显著，列（6）管理层股权激励（Msharerate）与其平方项（sqMsharerate）对企业战略激进度（Strategy）的影响系数分别为4.271与-4.677，分别在1%和10%水平上显著，列（7）企业战略激进度（Strategy）的系数在1%水平上显著为负，列（8）管理层股权激励（Msharerate）的系数在1%水平上显著为正，其平方项（sqMsharerate）的系数在1%水平上显著为负，企业战略激进度（Strategy）的系数在1%水平上显著为负，这表明管理层股权激励显著影响了企业战略激进度，而这一经营行为会显著降低企业会计信息可比性。列（1）~列（4）为高新技术行业组，列（4）管理层股权激励（Msharerate）与其平方项（sqMsharerate）的系数均不显著，即企业战略激进度作为管理层股权激励对会计信息可比性影响效应的中介作用不成立，这表明基于行业特征，高新技术行业已较多地承担创新任务，企业研发创新以及对于研发投入的敏感性均高于非高新技术行业，管理层不会基于股权继续大幅度提高企业战略激进度从而形成对会计信息可比性影响效应的中介作用。

表4-7 **按企业是否为高新技术行业分组检验**

变量	高新技术行业组				非高新技术行业组			
	CompAcct (1)	Strategy (2)	CompAcct (3)	CompAcct (4)	CompAcct (5)	Strategy (6)	CompAcct (7)	CompAcct (8)
Msharerate	0.001	10.925***		0.001	0.010***	4.271***		0.010***
	(0.533)	(8.114)		(1.046)	(9.352)	(3.875)		(9.546)
sqMsharerate	-0.000	-11.26***		-0.001	-0.014***	-4.677*		-0.014***
	(-0.011)	(-4.188)		(-0.298)	(-6.383)	(-1.907)		(-6.497)

续表

变量	高新技术行业组				非高新技术行业组			
	CompAcct (1)	Strategy (2)	CompAcct (3)	CompAcct (4)	CompAcct (5)	Strategy (6)	CompAcct (7)	CompAcct (8)
Strategy			-0.000**	-0.000***			-0.000***	-0.000***
			(-2.534)	(-2.887)			(-3.420)	(-4.202)
Size	-0.001***	0.259***	-0.001***	-0.001***	-0.001***	0.096***	-0.001***	-0.001***
	(-6.079)	(4.009)	(-6.108)	(-5.863)	(-15.248)	(2.827)	(-15.603)	(-15.154)
Lev	-0.003***	2.666***	-0.003***	-0.002***	-0.003***	0.800***	-0.003***	-0.003***
	(-4.455)	(6.524)	(-4.447)	(-4.290)	(-7.477)	(3.152)	(-8.181)	(-7.406)
Growth	0.001***	2.301***	0.001***	0.001***	0.000***	1.909***	0.001***	0.001***
	(3.076)	(12.241)	(3.718)	(3.609)	(4.054)	(22.418)	(5.298)	(4.821)
ROA	0.009***	3.209**	0.009***	0.009***	0.008***	1.072	0.009***	0.008***
	(4.183)	(2.490)	(4.289)	(4.288)	(5.275)	(1.244)	(5.579)	(5.327)
FCF	-0.001	-1.448	-0.001	-0.001	-0.004***	1.372**	-0.004***	-0.004***
	(-0.618)	(-1.329)	(-0.639)	(-0.675)	(-4.687)	(2.292)	(-4.766)	(-4.596)
Tang	-0.003***	-6.743***	-0.003***	-0.003***	-0.002***	-5.694***	-0.003***	-0.003***
	(-5.486)	(-14.848)	(-5.947)	(-5.942)	(-5.893)	(-21.595)	(-6.731)	(-6.500)
Turnover	0.000**	-4.026***	0.000	0.000	-0.001***	-2.095***	-0.001***	-0.001***
	(2.495)	(-21.988)	(1.327)	(1.307)	(-7.048)	(-26.528)	(-7.678)	(-7.738)
Indboard	0.001	1.101	0.001	0.001	-0.000	1.008	0.000	-0.000
	(0.919)	(1.015)	(1.018)	(0.983)	(-0.088)	(1.455)	(0.037)	(-0.028)
Dual	0.000*	-0.276*	0.000**	0.000*	-0.000**	0.374***	-0.000	-0.000**
	(1.794)	(-1.868)	(2.109)	(1.685)	(-2.352)	(3.686)	(-.492)	(-2.203)
Oneratio	0.000*	-0.003	0.000*	0.000*	0.000***	-0.008***	0.000***	0.000***
	(1.891)	(-0.619)	(1.775)	(1.858)	(5.000)	(-3.029)	(2.980)	(4.881)

续表

变量	高新技术行业组				非高新技术行业组			
	CompAcct (1)	Strategy (2)	CompAcct (3)	CompAcct (4)	CompAcct (5)	Strategy (6)	CompAcct (7)	CompAcct (8)
Constant	0.001	9.734***	0.002	0.002	0.011***	11.787***	0.012***	0.011***
	(0.633)	(7.060)	(1.100)	(0.906)	(8.560)	(16.407)	(9.769)	(9.117)
Year/Industry	Control	Control	Control	Control	Control	Control	Control	Control
Observations	3 365	3 365	3 365	3 365	9 369	9 369	9 369	9 369
Adj-R^2	0.286	0.286	0.288	0.288	0.276	0.162	0.268	0.277

注：***、**和*分别表示在1%、5%和10%水平上显著；括号中的数据为t值。

2.按外部审计质量分组检验

借鉴张宇扬等（2020）的研究，以公司年度审计的会计师事务所是否属于国际“四大”度量审计质量，并按此进行分组，回归结果见表4-8。列（5）~列（8）为“非四大”审计组，列（5）管理层股权激励（Msharerate）与其平方项（sqMsharerate）对会计信息可比性（CompAcct）的影响系数分别为0.006与-0.008，均在1%水平上显著，列（6）管理层股权激励（Msharerate）与其平方项（sqMsharerate）对企业战略激进度（Strategy）的影响系数分别为6.301与-6.216，均在1%水平上显著，列（7）企业战略激进度（Strategy）的系数在1%水平上显著为负，列（8）管理层股权激励（Msharerate）的系数在1%水平上显著为正，其平方项（sqMsharerate）的系数在1%水平上显著为负，企业战略激进度（Strategy）的系数在1%水平上显著为负，这表明管理层股权激励显著影响了企业战略激进度，而这一经营行为会显著降低企业会计信息可比性。列（1）~列（4）为“四大”审计组，列（4）管理层股权激励（Msharerate）与其平方项（sqMsharerate）的系数分别为0.027与-0.039，分别在1%与5%水平上显著，但企业战略激进度（Strategy）的系数却不显著，即企业战略激进度作为管理层股权激励对会计信息可比性影响效应的中介作用不成立，这表明审计师的高审计质量能够通过管理层股权激励动机识别企业的盈余管理行为，这一结论与陈效东（2017）的研究相符，即高质量审计会确保会计准则执行效果并发挥了外部监督与治理功能。

表4-8　　**按外部审计质量分组检验**

变量	“四大”审计组				“非四大”审计组			
	CompAcct	Strategy	CompAcct	CompAcct	CompAcct	Strategy	CompAcct	CompAcct
	(1)	(2)	(3)	(4)	(5)	(6)	(7)	(8)
Msharerate	0.027***	1.940		0.027***	0.006***	6.301***		0.006***
	(3.840)	(0.383)		(3.823)	(7.683)	(7.232)		(8.230)
sqMsharerate	-0.038**	11.669		-0.039**	-0.008***	-6.216***		-0.008***
	(-2.166)	(0.848)		(-2.214)	(-5.21)	(-3.362)		(-5.496)
Strategy			0.000*	0.000			-0.000***	-0.000***
			(1.660)	(1.307)			(-5.734)	(-6.833)
Size	-0.002***	0.255***	-0.002***	-0.002***	-0.001***	0.153***	-0.001***	-0.001***
	(-11.505)	(2.628)	(-11.389)	(-11.589)	(-9.796)	(4.383)	(-10.13)	(-9.585)
Lev	-0.001	1.425*	-0.002	-0.001	-0.004***	1.238***	-0.004***	-0.003***
	(-0.487)	(1.745)	(-0.916)	(-0.556)	(-11.413)	(5.478)	(-11.912)	(-11.258)
Growth	0.001	2.064***	0.001	0.001	0.000***	1.977***	0.001***	0.001***
	(1.283)	(6.718)	(1.068)	(0.983)	(4.849)	(24.741)	(6.490)	(6.117)
ROA	-0.012*	7.865***	-0.013*	-0.012*	0.009***	1.056	0.010***	0.009***
	(-1.695)	(3.115)	(-1.920)	(-1.775)	(7.411)	(1.417)	(7.744)	(7.520)
CFO	-0.011**	1.384	-0.010**	-0.011**	-0.002***	0.688	-0.002***	-0.002***
	(-2.185)	(0.668)	(-2.019)	(-2.203)	(-3.222)	(1.262)	(-3.182)	(-3.160)
Tang	-0.001	-6.166***	-0.000	0.000	-0.003***	-5.812***	-0.003***	-0.003***
	(-0.377)	(-10.305)	(-0.079)	(0.013)	(-8.769)	(-23.734)	(-9.933)	(-9.784)
Turnover	-0.001	-2.067***	-0.001	-0.001	-0.001***	-2.437***	-0.001***	-0.001***
	(-1.420)	(-8.583)	(-0.950)	(-0.959)	(-5.714)	(-32.379)	(-7.003)	(-7.055)

续表

变量	"四大"审计组				"非四大"审计组			
	CompAcct (1)	Strategy (2)	CompAcct (3)	CompAcct (4)	CompAcct (5)	Strategy (6)	CompAcct (7)	CompAcct (8)
Indboard	0.006	-3.182**	0.006	0.006*	0.001**	0.964	0.001**	0.001**
	(1.612)	(-1.963)	(1.494)	(1.677)	(1.988)	(1.545)	(2.167)	(2.100)
Dual	-0.000	0.326	0.000	-0.000	-0.000	0.188**	0.000	-0.000
	(-0.042)	(1.021)	(0.106)	(-0.091)	(-1.536)	(2.176)	(0.305)	(-1.404)
Oneratio	-0.000	-0.014**	-0.000*	-0.000	0.000***	-0.007***	0.000***	0.000***
	(-1.139)	(-2.14)	(-1.678)	(-1.046)	(6.477)	(-2.717)	(4.765)	(6.322)
Constant	0.038***	7.411***	0.038***	0.038***	0.002*	10.685***	0.004***	0.003***
	(8.598)	(3.110)	(8.205)	(8.285)	(1.884)	(14.168)	(3.226)	(2.594)
Year/Industry	Control	Control	Control	Control	Control	Control	Control	Control
Observations	874	874	874	874	11 860	11 860	11 860	11 860
Adj-R^2	0.360	0.337	0.352	0.360	0.293	0.183	0.290	0.295

注：***、**和*分别表示在1%、5%和10%水平上显著；括号中的数据为t值。

3.按企业所有权性质分组检验

将研究样本按企业所有权性质分为国有企业组与非国有企业组，回归结果见表4-9。列（5）~列（8）为非国有企业组，列（5）管理层股权激励（Msharerate）与其平方项（sqMsharerate）对会计信息可比性（CompAcct）的影响系数分别为0.007与-0.009，均在1%水平上显著，列（6）管理层股权激励（Msharerate）与其平方项（sqMsharerate）对企业战略激进度（Strategy）的影响系数分别为5.504与-5.631，均在1%水平上显著，列（7）企业战略激进度（Strategy）的系数在1%水平上显著为负，列（8）管理层股权激励（Msharerate）的系数在1%水平上显著为正，其平方项（sqMsharerate）的系数在1%水平上显著为负，企业战略激进度（Strategy）的系数在1%水平上显著为负，这表明管理层股权激励显著影响了企业战略激进度，而这一经营行为会显著降低企业会计信息可比性。列（1）～列（4）为国有企业组，列（4）管理层股权激励（Msharerate）与其平方项（sqMsharerate）的系数分别为0.022与-0.087，均在1%水平上显著，但企业战略激进度（Strategy）的系数却不显著，即企业战略激进度作为管理层股权激励对会计信息可比性影响效应的中介作用不成立，这表明国有企业因承担推动经济增长、维护社会稳定的社会责任以及政策性目标不会使管理层基于股权继续大幅度提高企业战略激进度从而形成对会计信息可比性影响效应的中介作用。

表4-9 **按企业所有权性质分组检验**

变量	国有企业组				非国有企业组			
	CompAcct (1)	Strategy (2)	CompAcct (3)	CompAcct (4)	CompAcct (5)	Strategy (6)	CompAcct (7)	CompAcct (8)
Msharerate	0.021^{***}	20.065^{***}		0.022^{***}	0.007^{***}	5.504^{***}		0.008^{***}
	(3.481)	(3.304)		(3.550)	(8.039)	(5.768)		(8.679)
sqMsharerate	-0.086^{***}	-87.437^{***}		-0.087^{***}	-0.009^{***}	-5.631^{***}		-0.010^{***}
	(-3.297)	(-3.220)		(-3.359)	(-5.670)	(-2.887)		(-6.025)
Strategy			-0.000	-0.000			-0.000^{***}	-0.000^{***}
			(-1.109)	(-1.212)			(-6.847)	(-8.069)
Size	-0.001^{***}	0.121^{***}	-0.001^{***}	-0.001^{***}	-0.001^{***}	0.193^{***}	-0.001^{***}	-0.001^{***}
	(-14.996)	(3.034)	(-14.899)	(-14.901)	(-7.363)	(3.977)	(-7.631)	(-7.155)
Lev	-0.004^{***}	1.764^{***}	-0.004^{***}	-0.004^{***}	-0.002^{***}	0.846^{***}	-0.002^{***}	-0.002^{***}
	(-8.406)	(5.939)	(-8.396)	(-8.382)	(-4.668)	(2.634)	(-5.264)	(-4.518)
Growth	0.001^{***}	2.098^{***}	0.001^{***}	0.001^{***}	0.000^{***}	1.846^{***}	0.001^{***}	0.001^{***}
	(3.897)	(18.439)	(4.170)	(4.068)	(3.837)	(17.525)	(5.647)	(5.372)
ROA	0.006^{***}	1.214	0.006^{***}	0.006^{***}	0.010^{***}	1.789^{*}	0.010^{***}	0.010^{***}
	(2.960)	(1.131)	(3.129)	(2.976)	(6.089)	(1.830)	(6.298)	(6.281)
FCF	-0.002^{**}	0.245	-0.002^{**}	-0.002^{**}	-0.004^{***}	1.103	-0.004^{***}	-0.003^{***}
	(-2.083)	(0.328)	(-2.037)	(-2.079)	(-4.104)	(1.483)	(-4.205)	(-4.000)

续表

变量	国有企业组				非国有企业组			
	CompAcct (1)	Strategy (2)	CompAcct (3)	CompAcct (4)	CompAcct (5)	Strategy (6)	CompAcct (7)	CompAcct (8)
Tang	-0.002***	-5.475***	-0.002***	-0.002***	-0.003***	-6.196***	-0.004***	-0.004***
	(-5.155)	(-17.876)	(-5.228)	(-5.205)	(-6.841)	(-17.864)	(-8.407)	(-8.237)
Turnover	-0.001***	-2.226***	-0.001***	-0.001***	-0.001***	-2.712***	-0.001***	-0.001***
	(-4.741)	(-24.58)	(-4.923)	(-4.861)	(-3.434)	(-22.36)	(-4.743)	(-5.046)
Indboard	0.001	-0.329	0.001	0.001	0.001	2.106**	0.001	0.001
	(1.255)	(-0.408)	(1.132)	(1.250)	(1.077)	(2.448)	(1.239)	(1.360)
Dual	-0.000	0.007	-0.000	-0.000	-0.000	0.182*	0.000	-0.000
	(-1.043)	(0.051)	(-0.945)	(-1.043)	(-1.452)	(1.759)	(0.016)	(-1.270)
Oneratio	0.000**	-0.009***	0.000*	0.000**	0.000***	0.003	0.000***	0.000***
	(2.137)	(-2.973)	(1.776)	(2.091)	(5.391)	(0.822)	(4.027)	(5.514)
Constant	0.014***	11.726***	0.015***	0.014***	0.002	9.277***	0.004**	0.003*
	(9.884)	(14.140)	(10.216)	(10.113)	(1.212)	(8.393)	(2.480)	(1.832)
Year/Industry	Control	Control	Control	Control	Control	Control	Control	Control
Observations	6 485	6 485	6 485	6 485	6 249	6 249	6 249	6 249
Adj-R^2	0.275	0.167	0.275	0.275	0.304	0.196	0.300	0.312

注：***、**和*分别表示在1%、5%和10%水平上显著；括号中的数据为t值。

4.6 本章小结

本章聚焦研究管理层股权激励对企业会计信息可比性的影响效应，并从企业战略激进度的角度深入考察了这一影响机理，以2008—2018年中国资本市场A股上市公司为研究样本进行实证研究后得出以下结论：首先，管理层股权激励对会计信息可比性的影响存在“壕沟效应”，作用呈倒U形关系，当管理层持股比例低于35%时，股权激励体现为“利益协同”效应，会提高企业会计信息可比性；当持股比例高于35%时，股权激励体现为“利益侵占”效应，会降低企业会计信息可比性。其次，管理层股权激励通过企业战略激进度这一渠道对会计信息可比性产生影响效应，并且这一渠道表现为负向中介作用，即管理层股权激励会通过增加投资与创新投入提高企业战略激进度，但企业战略激进度达到一定程度后，其引起的经营风险与财务困境将降低会计信息可比性。最后，相对于高新技术行业与国有企业，管理层股权激励通过提高企业战略激进度进而降低会计信息可比性的影响效应在非高新技术行业与非国有企业中更强。高审计质量能够通过股权激励动机识别企业的盈余管理行为，并且发挥监督与治理功能，弱化管理层股权激励对会计信息可比性影响的“壕沟效应”。

在理论方面，本章从会计信息可比性这一会计信息质量单一维度拓展了管理层股权激励的经济后果研究，并就企业战略激进度这一中介路径剖析了管理层股权激励对会计信息可比性影响效应的作用机理，为此提供了新的解释途径与理论支持。在实践方面，本章的研究认为，在确定管理层股权激励会对会计信息可比性产生重要影响的同时，应关注股权激励强度；运用股权激励机制缓解管理层与股东之间的代理问题时，应避免过度激励对企业会计信息质量造成的负面影响。其次，应重视外部审计的监督与治理功能，审计师的高审计质量能够通过管理层股权激励动机识别企业的盈余管理行为，缓解通过股权过度激励引起的高企业战略激进度对会计信息可比性造成的负面影响。

5 会计信息可比性对企业债务期限结构的影响效应

会计信息可比性将如何影响债务期限结构？以何种机制影响？本章将对此展开深入研究，此外，考虑到不同所有权性质的企业在资本市场中普遍存在，还将进一步分析会计信息可比性对债务期限结构的影响效应是否会因企业所有权性质不同存在差异。

5.1 理论分析与研究假设

5.1.1 会计信息可比性、盈余管理与企业债务期限结构

盈余管理是管理层为谋求私利最大化，运用会计手段操控或调整会计盈余以获私有收益的重要微观寻租行为之一（Shleifer 和 Vishny，1997)，如增加在职消费、达到可获报酬奖励的目标业绩等。在信息不对称的情况下，管理层在遵循企业会计准则的基础上采用最符合自身利益的会计政策与会计估计进行盈余管理以实现其私有利益最大化，但这

会导致利益相关方误判企业经营业绩，影响以会计盈余为基础的债务契约（Healy 和 Wahlen，1999），是对债权人的利益剥夺。

Young 和 Zeng（2015）研究认为，以参照公司判断目标公司价值的过程包括三个方面：第一，识别价值驱动因素；第二，选择参照公司；第三，以参照公司信息指标对目标公司进行比较、鉴别与价值评估。上市公司披露的会计信息所反映的营业成果与财务状况在债务契约的签订与执行中发挥着基础性的作用，并且美国财务会计准则委员会指出，若会计信息的可比性不可获取，就不能准确有效地做出投资与信贷决策。会计信息可比性作为会计信息质量的重要特征之一，它能够帮助金融机构更为深入地认识与理解会计数字背后的经济业务实质，识别经济现象之间的异同，分析会计业绩变动的原因与趋势，降低信息获取与加工成本并且有效地判断参照公司与目标公司之间的价值关联性。会计信息可比性能够抑制盈余管理的原因在于，高会计信息可比性能够提高分析师预测的一致性，提升对企业盈余预测的精准度，对信息传递产生积极的作用（De Franco 等，2011）；且能够从根源上降低审计重大错报与漏报的可能性，帮助审计师提高审计质量（谢盛纹等，2017）。那么，企业盈余管理行为会被金融机构识别的概率增大，并且一旦被发现，管理层将会面临公司严厉的惩罚，这也增加了盈余管理成本。盈余质量是金融机构判断企业违约风险与偿债能力的重要因素之一。抑制盈余管理行为会增强企业财务信息透明度，同时将提升盈余质量（胥朝阳和刘睿智，2014）。高盈余质量公司的内部信息环境也较好（陈翔宇等，2015）。因此，高会计信息可比性通过抑制盈余管理行为增强财务信息透明度、提升盈余质量并降低信息风险，也进一步降低了企业与金融机构间的信息不对称程度，而高财务信息透明度既会向外界传递良好的治理机制信号，又会促进会计信息可比性对企业业绩预告精准度的正向影响（陈翔宇等，2015）。基于信息不对称理论，信息不对称会增加金融机构对企业的经营绩效、治理水平以及存在风险的合理评估难度，增加金融机构所承担的违约风险，反之亦然。对于金融机构而言，从 2007 年党的十七大提出金融体制改革并发展各类金融市场，2010 年十七届五中全会提出利率与汇率市场化改革，再到 2013 年央行全面放开贷款利率行政管制，不再设置贷款利率下限等，在这些政策与措施增强商业化与市场化的背景下，金融机构为提升经营绩效与降低经营风险，会选择高财务信息透明度与高盈余质量、低信息风险与低信息不对称的企业，提供长期融资支持；反之，基于风险溢价的视角，则会通过缩短债务期限等方式要求更为严苛的契约条件作为风险补偿。综上所述，本章提出研究假设H5-1和假设H5-2：

H5-1：会计信息可比性有利于提高企业债务融资期限。

H5-2：盈余管理在会计信息可比性对债务期限结构的影响中发挥中介作用，也就是说，资本市场能够有效识别企业盈余管理行为。

5.1.2 会计信息可比性、代理成本与企业债务期限结构

随着现代企业所有权与经营权分离，代理成本问题便成为国内外学者与公众关注的焦点、公司治理研究领域的重要问题之一。Jensen和Meckling（1976）的研究将企业代理问题划分为两类，第一类是企业所有权与经营权分离引发的股东与管理层之间的委托代理问题，第二类是相对集中的股权结构引发的控股股东与中小股东以及债权人之间的委托代理问题。

基于代理成本理论，第一类代理问题会造成企业契约不完善、监督成本过高等问题，从而引发管理层的自利动机与寻租行为。债务期限结构的治理功能在融资决策中发挥着举足轻重的作用，短期债务融资的治理功能表现为其会在一定程度上约束管理层随意使用现金流的权力（Hart和Morre，1998）。短期债务融资偿还期限短，企业会经常面临还本付息的压力，并且金融机构可以对债务期限条款进行再谈判，增加了管理层对外界披露经营信息的频率（翟淑萍等，2019）。相比长期债务融资，短期债务融资对管理层的约束性更强。既有研究表明，中国资本市场债务期限结构中以短期债务融资为主，长期债务融资占比偏低，约为12%（何畅和王骁羿，2019），随着自由现金流量和流通股所占比例的提高，企业更倾向于使用短期债务融资以此抑制管理层的利己动机与寻租行为，从而缓解第一类代理问题（毛洪安和李晶晶，2010）。第二类代理问题会造成高负债企业股东以低风险项目为保证发行“低风险”

债务而从事高风险投资的行为，从而使债务价值从债权人向股东转移，如果资本市场不能通过有效机制缓解，市场参与者会通过缩短债务期限方式解决代理冲突问题（Duffie 和 Singleton，1999）。此外，企业可能放弃使债务价值增加较多而股东价值增加较少的净现值为正的投资项目，这种次优决策会使股东获得短期收益而损害企业的长远利益（Myers，1977），并且控股股东对中小股东及债权人的利益侵占与掏空行为还表现在其扩大控制性资源的过度投资行为，此时，企业倾向于利用短期债务融资的重新定价优势降低投资决策对债务价值的影响，以及利用其可以削弱企业自由现金流量的方式使其更有效地使用资金（Jensen，1986），从而缓解第二类代理冲突问题。

会计信息可比性能够发挥治理机制抑制第一类代理成本的原因在于以下两点：首先，公司治理的核心在于控制权的配置与执行，作为最高权力机构的股东大会是重要的控制机制，其运行的关键在于股东控制权的执行。会计信息被列为公司治理信息披露的重点内容，股东执行控制权须掌握可靠、相关以及可比的会计信息，会计信息可比性意味着企业之间相同或相近的经济事项表现出会计信息的相似性，不同的经济事项亦应表现出差异性。高会计信息可比性利于股东在相近行业、相近资产规模与盈利能力的企业之间比较与第一类代理成本相关的期间费用信息披露是否准确，对经济业务事项行使控制权，从而约束管理层的利己动机与寻租行为。现有研究为此提供了间接证明，陈翔宇等（2015）研究发现，高会计信息可比性会提高企业下一年度营业收入预测的精准性，使股东能更好地掌握企业未来的经营状况。其次，在同行业同时期内，高会计信息可比性可为企业在行业市场竞争中的战略规划、管理层绩效考核、薪酬契约以及激励计划提供更好的决策支持（袁知柱和张小曼，2020），以减少由于信息不对称引发的管理层逆向选择与道德风险问题，从而提高公司治理效率。

会计信息可比性能够发挥治理机制抑制第二类代理成本的原因在于，高会计信息可比性使债权人以较低的成本获得更多有用的信息，而高信息含量能够帮助债权人理解和比较目标企业与同行业同时期其他企业的经营状况与发展趋势的差异，从而提高决策效率（Barth 等，

2013)，增强其决策的准确性。会计信息可比性改善了企业的外部信息环境（De Franco 等，2011），对于中小股东而言，可以通过同行业竞争者的财务状况推断目标企业的会计信息，以此判断其利益是否受到侵占与掏空，并且通过股东大会行使表决权对控股股东侵占其利益与掏空的行为起到抑制作用。现有研究为此提供了间接证明，胥朝阳和刘睿智（2014）研究发现，高会计信息可比性会使投资者更容易识别出企业应计盈余操控行为，从而对管理层操控应计盈余行为起到一定抑制作用。

可见，高会计信息可比性可以对代理成本起到监督与治理的作用，并且对短期债务融资抑制代理成本的功能起到一定替代作用，从而使企业提高长期债务融资占比的意愿。本章提出研究假设H5-3：

H5-3：代理成本在会计信息可比性对债务期限结构的影响中发挥中介作用，会计信息可比性越高，代理成本越低，企业长期债务融资占比越高。

5.2 研究设计

5.2.1 样本数据

以中国资本市场A股2008—2018年上市公司数据为初始样本，在这一初始样本基础上进行如下筛选程序：①剔除金融及保险类行业；②剔除ST、*ST的公司样本；③剔除财务数据缺失及异常值样本。经过上述筛选，得到15 128个公司年度（Firm-Year）样本观察值，涉及16个行业，涵盖11个年份。为消除极端值对研究结论的影响，依照惯例按1%、99%分位对连续变量进行Winsorize处理，相关数据均来自CSMAR数据库及Wind资讯金融终端。

5.2.2 变量定义

1.被解释变量：债务期限结构（DM）

债务期限结构度量的方法有资产负债表法、各类债务期限加权平均法以及增量法。资产负债表法因可直接从资产负债表中获取数据而被较多学者采用，借鉴肖作平和廖理（2008）、翟淑萍等（2019）的研究，本书使用长期借款占负债总额的比重度量债务期限结构（DM），为保证度量的稳健性，在稳健性检验中使用长期负债占负债总额的比重（DM1）以及企业有息负债占负债总额的比重（DM2）度量债务期限结构。

2.解释变量：会计信息可比性（CompAcct）

公司i与行业内其他公司配对组合的会计信息可比性均值。借鉴De Franco等（2011）、袁振超和饶品贵（2018）的研究方法构建会计信息可比性的度量模型。一是根据公司第t期前16个季度数据构建模型（5.1）估算会计系统。

$$Earnings_{i,t} = \alpha_i + \beta_i Return_{i,t} + \varepsilon_{i,t} \tag{5.1}$$

其中，Earnings为季度净利润与期初权益市场价值的比值；Return为季度股票收益率。拟合方程可得公司i的会计系统转换函数$\hat{\alpha}_i$、$\hat{\beta}_i$，同理，可得公司j的会计系统转换函数$\hat{\alpha}_j$、$\hat{\beta}_j$。二是将模型（5.1）得到的转换函数代入模型（5.2）和模型（5.3）中，计算公司i和公司j的预期盈余，$E(Earnings)_{iit}$与$E(Earnings)_{ijt}$分别为根据各自的会计系统转换函数和第t期公司i、公司j的季度股票收益率计算出的预期盈余。

$$E(Earnings)_{iit} = \hat{\alpha}_i + \hat{\beta}_i Return_{it} \tag{5.2}$$

$$E(Earnings)_{ijt} = \hat{\alpha}_j + \hat{\beta}_j Return_{it} \tag{5.3}$$

两家公司的会计系统越是相似，在季度股票收益率相同的情况下，两家公司的预期盈余也越接近，可用二者的差异衡量两家公司的会计信息可比性。根据模型（5.4）计算公司i和公司j的会计信息可比性。三是将公司i依次与行业内所有公司一一配对，计算公司i全部组合的会计信息可比性并取均值，即为公司i的会计信息可比性，其值越大，会计信息可比性越高。

$$CompAcct_{ijt} = -1/16 \times \sum_{t-15}^{t} \left| E(Earnings)_{iit} - E(Earnings)_{ijt} \right| \tag{5.4}$$

3.中介变量：盈余管理（DisAcc）和代理成本（Acost1、Acost2）

借鉴郑登津等（2020）、Kothari等（2005）的研究，本书采用修正Jones模型估算残差并取绝对值即为操控性应计利润，以此作为盈余管理的代理变量（DisAcc）。具体为首先分年度和行业对模型（5.5）回归，然后将回归系数代入模型（5.6）估算操控性应计利润（盈余管理）。

$$\frac{TA_{i,t}}{Asset_{i,t-1}} = \alpha_1\frac{1}{Asset_{i,t-1}} + \alpha_2\frac{\Delta REV_{i,t}}{Asset_{i,t-1}} + \alpha_3\frac{PPE_{i,t}}{Asset_{i,t-1}} + \varepsilon_{i,t} \quad (5.5)$$

$$DisAcc_{i,t} = \frac{TA_{i,t}}{Asset_{i,t-1}} - \left(\hat{\alpha}_1\frac{1}{Asset_{i,t-1}} + \hat{\alpha}_2\frac{\Delta REV_{i,t} - \Delta REC_{i,t}}{Asset_{i,t-1}} + \hat{\alpha}_3\frac{PPE_{i,t}}{Asset_{i,t-1}}\right) \quad (5.6)$$

其中，TA为总应计盈余，为营业利润减去经营活动现金流量净额；Asset为资产总额；ΔREV为销售收入增长额；ΔREC为应收账款增长额；PPE为固定资产原值；ε为模型残差项。

第一类代理成本（Acost1）的度量，管理费用为企业在经营管理、生产活动中发生的各种费用，定义最为模糊、科目外延最为广泛。借鉴王满四和徐朝辉（2017）的研究，采用管理费用占资产总额的比重即管理费用率来度量股东与管理层之间的代理成本，其能够对管理层的在职消费与不当开支等代理成本提供良好的度量。该值越大表明股东与管理层之间的代理问题越为严重，即第一类代理成本越高。第二类代理成本（Acost2）的度量，借鉴罗进辉（2012）的研究，采用其他应收款占资产总额的比重来度量控股股东与小股东之间的代理成本，该值越大表明控股股东与小股东之间的代理问题越为严重，即第二类代理成本越高。

4.控制变量

参考肖作平和廖理（2008）、杨鑫等（2018）、洪峰和戴文涛（2018）、翟淑萍等（2019）、吴卫星等（2020）的研究，选取如下变量作为控制变量：公司规模（Size）、资产期限结构（Tang）、公司成长机会（Growth）、盈利能力（ROA）、自由现金流量（FCF）、资产负债率（Lev）、第一大股东持股比率（Oneratio）、实际所得税率（ETR）、终极控制人性质（ULC）。此外，为了控制行业和年度对债务期限结构的影响，本书还将在模型中加入行业和年度虚拟变量。具体变量定义见表5-1。

表5-1 **变量定义表**

变量名称	变量符号	变量说明
债务期限结构	DM DM1 DM2	长期借款/负债总额 长期负债/负债总额 （长期借款+一年内到期的长期负债+应付债券）/负债总额

续表

变量名称	变量符号	变量说明
会计信息可比性	CompAcct	公司i与行业内其他公司配对组合的会计信息可比性均值
公司规模	Size	总资产的自然对数
资产期限结构	Tang	固定资产/资产总额
公司成长机会	Growth	营业收入增长率
盈利能力	ROA	总资产收益率
自由现金流量	FCF	经营活动现金流量净额/资产总额
资产负债率	Lev	负债总额/资产总额
第一大股东持股比率	Oneratio	第一大股东持股比例
实际所得税率	ETR	所得税费用/税前利润总额
企业所有权性质	ULC	企业所有权为国有时取1，否则为0
年度	Year	2008—2018年度，样本所在年份赋值为1，否则为0
行业	Industry	公司所在行业赋值为1，否则为0

5.2.3 模型设计

借鉴肖作平和廖理（2008）、杨鑫等（2018）、翟淑萍等（2019）、吴卫星等（2020）、雷宇和曾雅卓（2019）的研究方法并结合本章的理论分析，建立模型（5.7）以验证会计信息可行性对债务期限结构的影响效应；此外，借鉴温忠麟和叶宝娟（2014）、Baron 和 Kenny（1986）的中介效应研究方法建立模型（5.8）与模型（5.9）检验盈余管理与代理成本在这一影响效应中发挥的中介作用。

$$\begin{aligned} DM_{i,t} = {} & \alpha_0 + \beta_1 CompAcct_{i,t} + \beta_2 Size_{i,t} + \beta_3 Tang_{i,t} + \beta_4 Growth_{i,t} + \\ & \beta_5 ROA_{i,t} + \beta_6 FCF_{i,t} + \beta_7 Lev_{i,t} + \beta_8 Oneratio_{i,t} + \beta_9 ETR_{i,t} + \\ & \beta_{10} ULC_{i,t} + \beta_{1,t} Year_t + \beta_{2,i} Industry_i + \varepsilon_{i,t} \end{aligned} \tag{5.7}$$

$$\begin{aligned} DisAcc_{i,t}\left(Acost1_{i,t} | Acost2_{i,t}\right) = {} & \alpha_0 + \beta_1 CompAcct_{i,t} + \beta_2 Size_{i,t} + \\ & \beta_3 Tang_{i,t} + \beta_4 Growth_{i,t} + \beta_5 ROA_{i,t} + \\ & \beta_6 FCF_{i,t} + \beta_7 Lev_{i,t} + \beta_8 Oneratio_{i,t} + \\ & \beta_9 ETR_{i,t} + \beta_{10} ULC_{i,t} + \beta_{1,t} Year_t + \\ & \beta_{2,i} Industry_i + \varepsilon_{i,t} \end{aligned} \tag{5.8}$$

$$\begin{aligned} DM_{i,t} = {} & \alpha_0 + \beta_1 CompAcct_{i,t} + \beta_2 DisAcc_{i,t}\left(A\cos t1_{i,t} | A\cos t2_{i,t}\right) + \\ & \beta_3 Size_{i,t} + \beta_4 Tang_{i,t} + \beta_5 Growth_{i,t} + \beta_6 ROA_{i,t} + \beta_7 FCF_{i,t} + \\ & \beta_8 Lev_{i,t} + \beta_9 Oneratio_{i,t} + \beta_{10} ETR_{i,t} + \beta_{11} ULC_{i,t} + \beta_{1,t} Year_t + \\ & \beta_{2,i} Industry_i + \varepsilon_{i,t} \end{aligned} \tag{5.9}$$

其中，α_0代表截距项，β_i表示回归系数，$\varepsilon_{i,t}$代表扰动项。

5.3 实证检验与结果分析

5.3.1 描述性统计分析

本章的主要变量描述性统计见表5-2。为了防止极端值对研究结论造成的影响，已经对所有连续变量按1%、99%分位进行Winsorize处理。由表5-2可知，2008—2018年，中国资本市场A股上市公司长期借款占负债总额的比例（DM）最小值为0，最大值为0.658，均值为0.103，标准差为0.149，这说明长期债务融资占比不高，且不同公司之间的长期债务融资占比差异较大。会计信息可比性指标（CompAcct）的最小值为-0.032，最大值为-0.003，均值为-0.009，标准差为0.005，这与方红星等（2017）、张先治等（2018）、林钟高和李文灿（2021）等研究文献的统计结果较为接近。从其他控制变量的统计特征来看，大部分变异程度相对较大，但值得注意的是，第一大股东持股比例（Oneratio）的均值高达34.979%，说明其在公司治理中的功能不可忽视。

表5-2 **主要变量描述性统计**

变量	样本量	均值	标准差	最小值	最大值	中位数
DM	15 128	0.103	0.149	0	0.658	0.031
CompAcct	15 128	−0.009	0.005	−0.032	−0.003	−0.008
Size	15 128	22.327	1.323	19.621	27.849	22.159
Tang	15 128	0.245	0.178	0.002	0.745	0.211
Growth	15 128	0.167	0.418	−0.549	2.727	0.101

续表

变量	样本量	均值	标准差	最小值	最大值	中位数
ROA	15 128	0.038	0.057	-0.174	0.222	0.033
FCF	15 128	0.047	0.073	-0.182	0.252	0.046
Lev	15 128	0.477	0.203	0.070	0.945	0.481
Oneratio	15 128	34.979	15.062	8.140	74.890	33.185
ETR	15 128	0.172	0.181	-0.641	0.816	0.167
ULC	15 128	0.518	0.500	0	1	1

5.3.2 多元回归结果与分析

表5-3为模型（5.7）的多元回归结果，列（1）的被解释变量为长期借款占负债总额的比重（DM），会计信息可比性（CompAcct）的系数为1.398，在1%水平上显著，这表明会计信息可比性显著影响债务期限结构，提高会计信息可比性对企业长期债务融资占比的提升具有促进效应，会计信息可比性越高，企业长期债务融资占比越高，本章研究假设H5-1得到验证。同时，进行稳健性检验，列（2）的被解释变量为长期负债占负债总额的比重（DM1），会计信息可比性（CompAcct）的系数为2.662，在1%水平上显著；列（3）的被解释变量为企业有息负债占负债总额的比重（DM2），会计信息可比性（CompAcct）的系数为2.425，在1%水平上显著。此外，在多元回归过程中进行方差膨胀因子检验，模型中各变量的方差膨胀因子（VIF）值均在3以下，远低于阈值，可以拒绝变量间的多重共线性问题；并且模型的拟合优度统计量Adjusted R-squared均大于30%，表明模型设定较好。

表5-3　**会计信息可比性对债务期限结构影响效应的实证检验**

变量	DM (1)	DM1 (2)	DM2 (3)
CompAcct	1.398***	2.662***	2.425***
	(5.715)	(9.480)	(6.809)

续表

变量	DM (1)	DM1 (2)	DM2 (3)
Size	0.023***	0.041***	0.045***
	(21.62)	(33.081)	(27.669)
Tang	0.160***	0.189***	0.254***
	(17.890)	(18.495)	(19.844)
Growth	0.012***	0.005*	-0.003
	(4.172)	(1.655)	(-0.606)
ROA	-0.069***	-0.111***	-0.145***
	(-2.985)	(-4.058)	(-3.639)
FCF	-0.149***	-0.182***	-0.145***
	(-9.098)	(-9.428)	(-5.298)
Lev	0.088***	0.092***	0.064***
	(13.192)	(11.590)	(5.848)
Oneratio	-0.000***	-0.000***	-0.001***
	(-3.197)	(-4.462)	(-5.100)
ETR	0.002	-0.012*	-0.009
	(0.273)	(-1.760)	(-1.007)
ULC	-0.009***	-0.011***	-0.015***
	(-3.926)	(-3.925)	(-4.338)
Constant	-0.446***	-0.818***	-0.876***
	(-20.131)	(-32.348)	(-25.698)
Year/Industry	Control	Control	Control
Observations	15 128	15 128	11 407
Adj-R^2	0.322	0.360	0.344

注：***、**和*分别表示在1%、5%和10%水平上显著；括号中的数据为t值。

表5-4列（1）、列（2）、列（3）为盈余管理（DisAcc）在会计信息可比性对企业债务期限结构影响效应中发挥中介作用的检验。列（1）测度会计信息可比性（CompAcct）对债务期限结构（DM）的影响效应，会计信息可比性（CompAcct）的系数为0.676，在1%水平上显著；列（2）测度会计信息可比性（CompAcct）对盈余管理（DisAcc）的影响效应，会计信息可比性（CompAcct）的系数为-1.333，在1%水平上显著；列（3）测度在控制了中介变量盈余管理（DisAcc）后会计信息可比性（CompAcct）对债务期限结构（DM）影响的直接效应，会计信息可比性（CompAcct）的系数为0.556，在5%水平上显著，盈余管理（DisAcc）的系数为-0.091，在1%水平上显著，这表明企业盈余管理在会计信息可比性对债务期限结构的影响效应中发挥中介作用，高会计信息可比性通过抑制盈余管理行为提高企业长期债务融资占比，也就是说，资本市场能够有效识别企业的盈余管理行为，本章研究假设H5-2得到验证。陆正飞等（2008）以2002—2006年A股上市公司为样本的研究发现，金融机构不能识别上市公司的盈余管理行为。研究结论不同。本书认为其主要原因为，随着2007年中国金融体制改革并发展各类金融市场，至2010年推进利率与汇率市场化改革，再至2013年央行全面放开贷款利率行政管制、不再设置贷款利率下限等一系列金融政策与措施的出台，在增强商业化与市场化的背景下，金融机构为提高经营绩效与降低经营风险已经提升了识别盈余管理的能力，能够识别上市公司的盈余管理行为，这一研究结论与于静霞（2011）的研究相符。

表5-4列（4）~列（8）为代理成本在会计信息可比性对企业债务期限结构影响效应中发挥中介作用的检验，列（4）测度会计信息可比性（CompAcct）对债务期限结构（DM）的影响效应，会计信息可比性（CompAcct）的系数为1.391，在1%水平上显著；列（5）测度会计信息可比性（CompAcct）对第一类代理成本（Acost1）的影响效应，会计信息可比性（CompAcct）的系数为-0.352，在1%水平上显著；列（6）测度在控制了中介变量第一类代理成本（Acost1）后会计信息可比性（CompAcct）对债务期限结构（DM）影响的直接效应，会计信息可比性（CompAcct）的系数为1.163，在1%水平上显著，第一类代理成

本（Acost1）的系数为-0.648，在1%水平上显著，这表明第一类代理成本在会计信息可比性对债务期限结构的影响效应中发挥中介作用，会计信息可比性越高，第一类代理成本越低，企业长期债务融资占比越高。列（7）测度会计信息可比性（CompAcct）对第二类代理成本（Acost2）的影响效应，会计信息可比性（CompAcct）的系数为-0.468，在1%水平上显著；列（8）测度在控制了中介变量第二类代理成本（Acost2）后会计信息可比性（CompAcct）对债务期限结构（DM）影响的直接效应，会计信息可比性（CompAcct）的系数为1.283，在1%水平上显著，第二类代理成本（Acost2）的系数为-0.229，在1%水平上显著，这表明第二类代理成本在会计信息可比性对债务期限结构的影响效应中发挥中介作用，会计信息可比性越高，第二类代理成本越低，企业长期债务融资占比越高，本章研究假设H5-3得到验证。

表5-4 **会计信息可比性、盈余管理/代理成本与债务期限结构的实证检验**

变量	DM (1)	DisAcc (2)	DM (3)	DM (4)	Acost1 (5)	DM (6)	Acost2 (7)	DM (8)
CompAcct	0.676***	-1.333***	0.556**	1.391***	-0.352***	1.163***	-0.468***	1.283***
	(2.619)	(-10.833)	(2.141)	(5.673)	(-6.116)	(4.845)	(-8.924)	(5.210)
DisAcc			-0.091***					
			(-4.388)					
Acost1						-0.648***		
						(-18.316)		
Acost2								-0.229***
								(-5.110)
Size	0.019***	-0.006***	0.018***	0.023***	-0.008***	0.018***	-0.002***	0.022***
	(17.066)	(-12.698)	(16.459)	(21.598)	(-31.482)	(16.717)	(-8.186)	(21.115)
Tang	0.165***	-0.033***	0.162***	0.161***	-0.003**	0.159***	-0.027***	0.155***
	(17.865)	(-10.057)	(17.451)	(17.956)	(-2.045)	(17.943)	(-19.562)	(16.907)

续表

变量	DM (1)	DisAcc (2)	DM (3)	DM (4)	Acost1 (5)	DM (6)	Acost2 (7)	DM (8)
Growth	0.010***	0.014***	0.011***	0.012***	-0.003***	0.010***	-0.001	0.012***
	(3.310)	(8.203)	(3.714)	(4.216)	(-4.685)	(3.675)	(-1.188)	(4.168)
ROA	-0.048**	0.060***	-0.043*	-0.070***	0.041***	-0.044*	-0.014**	-0.074***
	(-1.992)	(3.401)	(-1.752)	(-3.049)	(6.295)	(-1.919)	(-2.440)	(-3.196)
FCF	-0.155***	-0.106***	-0.165***	-0.148***	0.058***	-0.111***	-0.014***	-0.151***
	(-9.195)	(-7.740)	(-9.740)	(-9.002)	(14.533)	(-6.762)	(-3.440)	(-9.192)
Lev	0.104***	0.025***	0.107***	0.087***	0.003**	0.089***	0.026***	0.093***
	(14.729)	(7.417)	(14.927)	(13.025)	(2.051)	(13.520)	(15.612)	(13.624)
Oneratio	-0.000***	0.000***	-0.000***	-0.000***	-0.000	-0.000***	-0.000***	-0.000***
	(-3.388)	(2.720)	(-3.294)	(-3.248)	(-0.750)	(-3.373)	(-8.423)	(-3.558)
ETR	-0.001	-0.011***	-0.002	0.002	-0.005***	-0.002	0.005***	0.003
	(-0.220)	(-4.572)	(-0.378)	(0.263)	(-4.113)	(-0.292)	(4.118)	(0.474)
ULC	-0.010***	-0.004***	-0.010***	-0.009***	0.002***	-0.008***	-0.003***	-0.009***
	(-4.188)	(-4.001)	(-4.353)	(-3.935)	(4.086)	(-3.431)	(-5.592)	(-4.191)
Constant	-0.374***	0.179***	-0.357***	-0.446***	0.199***	-0.317***	0.074***	-0.429***
	(-15.948)	(18.643)	(-15.043)	(-20.095)	(41.315)	(-13.813)	(14.004)	(-19.041)
Year/Industry	Control	Control	Control	Control	Control	Control	Control	Control
Observations	14 390	14 390	14 390	15 091	15 091	15 091	15 091	15 091
$Adj-R^2$	0.329	0.117	0.330	0.322	0.317	0.334	0.148	0.323

注：***、**和*分别表示在1%、5%和10%水平上显著；括号中的数据为t值。

5.4 稳健性检验

为了增强本章研究结论的稳健性，本节从改变被解释变量、解释变量与中介变量的度量方式以及内生性问题等方面检验本章的研究内容。

1.改变债务期限结构的度量方法

借鉴肖作平和廖理（2008）、翟淑萍等（2019）的研究，使用长期负债占负债总额的比重（DM1）以及企业有息负债占负债总额的比重（DM2）重新度量债务期限结构，模型（5.7）多元回归结果见表5-3列（2）、列（3），研究结论与本章上文的理论分析一致。

2.改变会计信息可比性的度量方法

Cooper和Cordeiro（2008）研究发现，投资者更倾向于参考行业内会计信息可比性最高的几家公司进行评估，借鉴张列柯等（2019）、张勇（2020）的研究，以会计信息可比性最高的十对组合的平均值（CompAcct10）以及会计信息可比性最高的四对组合的平均值（CompAcct4）重新度量会计信息可比性，模型（5.7）多元回归结果见表5-5列（1）、列（2），列（1）会计信息可比性（CompAcct10）的系数为1.815，在1%水平上显著，列（2）会计信息可比性（CompAcct4）的系数为2.021，在1%水平上显著，研究结论与本章上文的理论分析一致。

3.内生性问题

为缓解研究结论的内生性问题，借鉴江轩宇等（2017）、张列柯等（2019）的研究，以企业所属行业内其他企业会计信息可比性的均值（CompAcct_Ins）作为工具变量，运用工具变量法（IV）与二阶段最小二乘法（2SLS）进行检验。企业选择的会计政策与会计估计区间等会受到行业政策惯例的影响，即企业会计信息可比性与所属行业内其他企业会计信息可比性相关，但其他企业之间的会计信息可比性较难对金融机构决策造成影响。两阶段回归结果见表5-5列（3）、列（4）。列（3）中工具变量（CompAcct_Ins）的系数为0.710，在1%水平上显著，列（4）中会计信息可比性（CompAcct）的系数为3.044，在1%水平上显著，这表明在控制了内生性问题后，研究结论依然成立，进一步增强了本章研究结论的稳定性；运用estat firststage命令进行弱工具变量检验F统计量为2016.70，这表明公司所属行业内其他公司会计信息可比性的均值（CompAcct_Ins）作为工具变量是合适的，拒绝“存在弱工具变量”的原假设。

为进一步缓解内生性问题，解决解释变量与被解释变量之间可能存在的互为因果关系，将解释变量会计信息可比性（CompAcct）滞后一期，模型（5.7）多元回归结果见表5-5列（5），会计信息可比性（CompAcct）的系数为1.079，仍在1%水平上显著，研究结论依然成立，进一步增强了本章研究结论的稳健性。

表5-5　改变会计信息可比性度量与工具变量法的稳健性检验

变量	DM (1)	DM (2)	CompAcct (3)	DM (4)	DM (5)
CompAcct10	1.815***				
	(5.590)				
CompAcct4		2.021***			
		(4.714)			
CompAcct_Ins			0.710***		
			(44.908)		
CompAcct				3.044***	1.079***
				(4.695)	(3.961)
Size	0.023***	0.022***	-0.001***	0.024***	0.021***
	(21.523)	(21.390)	(-16.132)	(20.607)	(18.509)
Tang	0.160***	0.159***	-0.001**	0.164***	0.161***
	(17.869)	(17.802)	(-2.492)	(17.937)	(16.832)
Growth	0.012***	0.012***	0.000***	0.011***	0.013***
	(4.255)	(4.313)	(4.243)	(3.861)	(4.156)
ROA	-0.072***	-0.070***	0.009***	-0.083***	-0.061**
	(-3.119)	(-3.008)	(7.702)	(-3.490)	(-2.389)
FCF	-0.151***	-0.151***	-0.004***	-0.143***	-0.151***
	(-9.167)	(-9.196)	(-5.751)	(-8.604)	(-8.422)
Lev	0.088***	0.087***	-0.003***	0.095***	0.094***
	(13.161)	(13.023)	(-10.685)	(13.463)	(12.825)

续表

变量	DM (1)	DM (2)	CompAcct (3)	DM (4)	DM (5)
Oneratio	-0.000***	-0.000***	0.000***	-0.000***	-0.000***
	(-3.119)	(-3.119)	(6.401)	(-3.414)	(-2.703)
ETR	0.002	0.002	0.003***	-0.003	0.000
	(0.305)	(0.404)	(13.993)	(-0.447)	(0.042)
ULC	-0.009***	-0.009***	-0.000***	-0.008***	-0.010***
	(-4.014)	(-4.065)	(-3.551)	(-3.613)	(-4.038)
Constant	-0.447***	-0.444***	0.015***	-0.461***	-0.390***
	(-20.117)	(-20.008)	(15.203)	(-20.132)	(-16.664)
Year/Industry	Control	Control	Control	Control	Control
Observations	15 128	15 128	15 128	15 128	12 930
$Adj\text{-}R^2$	0.321	0.321	0.391	-	0.326

注：***、**和*分别表示在1%、5%和10%水平上显著；括号中的数据为t值。

4.改变中介变量盈余管理与代理成本的度量方法

借鉴郑登津等（2020）、Kothari 等（2005）的研究，采用基于业绩调整的修正Jones模型估算残差并取绝对值即为操控性应计利润，以此作为盈余管理的代理变量（DisAccR）。具体为首先分年度和行业对模型（5.10）回归，然后将回归系数代入模型（5.11）估算操控性应计利润（盈余管理）。

$$\frac{TA_{i,t}}{Asset_{i,t-1}}=\alpha_1\frac{1}{Asset_{i,t-1}}+\alpha_2\frac{\Delta REV_{i,t}-\Delta REC_{i,t}}{Asset_{i,t-1}}+\alpha_3\frac{PPE_{i,t}}{Asset_{i,t-1}}+\alpha_4 ROA_{i,t}+\varepsilon_{i,t} \tag{5.10}$$

$$DisAcc_{i,t}=\frac{TA_{i,t}}{Asset_{i,t-1}}-\left(\hat{\alpha}_1\frac{1}{Asset_{i,t-1}}+\hat{\alpha}_2\frac{\Delta REV_{i,t}-\Delta REC_{i,t}}{Asset_{i,t-1}}+\hat{\alpha}_3\frac{PPE_{i,t}}{Asset_{i,t-1}}+\hat{\alpha}_4 ROA_{i,t}\right) \tag{5.11}$$

借鉴袁振超等（2014）、刘华（2014）的研究，使用营业收入/资产总额，即总资产周转率以此重新度量第一类代理成本（Acost1R），使用其他应收款/期末净资产以此重新度量第二类代理成本（Acost2R），中介效应检验的多元回归结果见表5-6。表5-6列（1）、列（2）、列（3）为盈余管理（DisAccR）在会计信息可比性对企业债务期限结构影响效应中发挥中介作用的检验，列（1）测度会计信息可比性（CompAcct）对债务期限结构（DM）的影响效应，会计信息可比性（CompAcct）的系数为0.676，在1%水平上显著；列（2）测度会计信息可比性（CompAcct）对盈余管理（DisAccR）的影响效应，会计信息可比性（CompAcct）的系数为-0.342，在1%水平上显著；列（3）测度在控制了中介变量盈余管理（DisAccR）后会计信息可比性（CompAcct）对债务期限结构（DM）影响的直接效应，会计信息可比性（CompAcct）的系数为0.647，在5%水平上显著，盈余管理（DisAccR）的系数为-0.087，在1%水平上显著，这表明企业盈余管理行为仍在会计信息可比性对债务期限结构的影响效应中发挥中介作用，高会计信息可比性通过抑制盈余管理行为提高企业长期债务融资占比，资本市场能够有效识别企业盈余管理行为。列（4）~列（8）为代理成本（Acost1R/Acost2R）在会计信息可比性对企业债务期限结构影响效应中发挥中介作用的检验，列（4）测度会计信息可比性（CompAcct）对债务期限结构（DM）的影响效应，会计信息可比性（CompAcct）的系数为1.394，在1%水平上显著；列（5）测度会计信息可比性（CompAcct）对第一类代理成本（Acost1R）的影响效应，会计信息可比性（CompAcct）的系数为-5.618，在1%水平上显著；列（6）测度在控制了中介变量第一类代理成本（Acost1R）后会计信息可比性（CompAcct）对债务期限结构（DM）影响的直接效应，会计信息可比性（CompAcct）的系数为0.955，在1%水平上显著，第一类代理成本（Acost1）的系数为-0.078，在1%水平上显著，这表明第一类代理成本仍在会计信息可比性对债务期限结构的影响效应中发挥中介作用，会计信息可比性越高，第一类代理成本越低，企业长期债务融资占比越高。列（7）测度会计信息可比性（CompAcct）对第二类代理成本（Acost2R）的影响效应，会计信息可比性（CompAcct）的系数为-1.454，在1%水平上显著；列（8）测度在控制了中介变量第二类代理成本（Acost2R）后会计信息可比性（CompAcct）对债务期限结构（DM）影响的直接效应，会计信息可比性（CompAcct）的系数为1.312，在1%水平上显著，第二类代理成本（Acost2R）的系数为-0.056，在1%水平上显著，这表明第二类代理成本仍在会计信息可比性对债务期限结构的影响效应中发挥中介作用，会计信息可比性越高，第二类代理成本越低，企业长期债务融资占比越高，研究结论依然成立，上述检验进一步增强了本章研究结论的稳健性。

表5-6 **改变盈余管理与两类代理成本的稳健性检验**

变量	DM (1)	DisAccR (2)	DM (3)	DM (4)	Acost1R (5)	DM (6)	Acost2R (7)	DM (8)
CompAcct	0.676***	-0.342***	0.647**	1.394***	-5.618***	0.955***	-1.454***	1.312***
	(2.619)	(-3.845)	(2.505)	(5.632)	(-6.224)	(3.982)	(-7.398)	(5.266)
DisAccR			-0.087***					
			(-3.609)					
Acost1R						-0.078***		
						(-31.572)		
Acost2R								-0.056***
								(-3.689)
Size	0.019***	-0.006***	0.019***	0.023***	-0.016***	0.022***	-0.004***	0.023***
	(17.066)	(-14.887)	(16.447)	(21.373)	(-4.670)	(20.687)	(-4.496)	(21.139)
Tang	0.165***	-0.032***	0.162***	0.163***	-0.073***	0.157***	-0.075***	0.159***
	(17.865)	(-11.716)	(17.476)	(18.106)	(-2.914)	(17.964)	(-16.698)	(17.282)
Growth	0.010***	0.013***	0.011***	0.012***	0.054***	0.016***	-0.002	0.012***
	(3.310)	(8.813)	(3.653)	(4.107)	(5.753)	(5.830)	(-0.821)	(4.078)
ROA	-0.048**	0.071***	-0.042*	-0.074***	0.877***	-0.005	-0.044**	-0.076***
	(-1.992)	(6.436)	(-1.726)	(-3.164)	(10.380)	(-0.231)	(-2.550)	(-3.258)
FCF	-0.155***	0.006	-0.155***	-0.146***	0.764***	-0.086***	-0.028**	-0.148***
	(-9.195)	(0.469)	(-9.156)	(-8.828)	(12.207)	(-5.309)	(-2.251)	(-8.905)
Lev	0.104***	0.036***	0.107***	0.087***	00.429***	0.120***	0.150***	0.095***
	(14.729)	(13.360)	(14.921)	(12.802)	(17.205)	(17.665)	(26.587)	(13.242)

续表

变量	DM (1)	DisAccR (2)	DM (3)	DM (4)	Acost1R (5)	DM (6)	Acost2R (7)	DM (8)
Oneratio	-0.000***	0.000***	-0.000***	-0.000***	0.003***	-0.000	-0.000***	-0.000***
	(-3.388)	(3.676)	(-3.279)	(-3.334)	(10.861)	(-0.840)	(-4.861)	(-3.474)
ETR	-0.001	-0.001	-0.001	0.002	0.047**	0.006	0.019***	0.003
	(-0.220)	(-0.464)	(-0.233)	(0.351)	(2.337)	(0.992)	(4.263)	(0.525)
ULC	-0.010***	-0.002*	-0.010***	-0.009***	0.063***	-0.004*	-0.005***	-0.009***
	(-4.188)	(-1.933)	(-4.256)	(-4.000)	(8.299)	(-1.887)	(-3.734)	(-4.130)
Constant	-0.374***	0.164***	-0.359***	-0.444***	0.531***	-0.403***	0.108***	-0.438***
	(-15.948)	(20.444)	(-15.076)	(-19.909)	(7.596)	(-18.479)	(6.196)	(-19.570)
Year/Industry	Control	Control	Control	Control	Control	Control	Control	Control
Observations	14 390	14 390	14 390	14 985	14 985	14 985	14 985	14 985
Adj-R^2	0.329	0.107	0.330	0.322	0.287	0.364	0.235	0.323

注：***、**和*分别表示在1%、5%和10%水平上显著；括号中的数据为t值。

5.5 进一步分析

产权理论认为，民营企业的产权人享有剩余利润所有权，产权人拥有较强的激励动机不断地提高企业的经济绩效，所以，从激励效果上讲，民营企业比传统国有企业的利益激励效果更好。美国经济学家科斯是西方产权理论与制度经济学的创始人，其1937年发表的研究著作《企业的性质》是西方产权理论产生的重要标志，1960年发表的研究著作《社会成本问题》标志着产权理论的成熟与发展。

产权理论的形成是以交易成本范畴为核心，将产权的界定与社会资源配置效率结合起来，以此分析企业产权制度和经济效率以及其对社会经济活动的影响。也就是说，市场机制有效运转、资源有效配置的必要条件是产权的清晰界定，这将作用或影响于社会经济效率。至今，产权制度问题成为产权经济学研究的核心主题，同时也成为管理学领域研究的热门话题。那么，何谓产权？既有研究从不同角度对产权进行了解读。哈德罗·德姆塞茨和银温泉（1990）较早提出产权的概念范畴，其认为产权是一种协调社会性关系的工具，包括产权所有人获得收益或损失的权力。Barzel（1997）认为产权由使用产品并从中获得收益和让渡产品的使用权构成，即产权是界定所有权人如何获得收益或损失的。Baker 和 Hubbard（2004）也有类似的界定，认为产权即利用自己的财产获得收益或使他人遭受损失的权力，并针对结果予以补偿。阿曼·A. 阿尔钦（1994）提出，产权是社会强制实施的商品的使用权力。Myoung-Hwan（2012）、Hanson（2005）将产权的界定与社会经济发展联系起来，认为产权是作为行使不同所有权产品的使用权产生的社会经济影响，而当国家控制了产权结构，社会经济的增长与下降均与国家紧密相关。那么，产权已经不是对产品所有权的狭义理解，从新制度经济学的视角看，产权制度的发展会实现外部性交易的内部化并且降低交易成本，无论社会经济偏好私有制或公有制的任何一方，私有和国有产权的形成都会对产品的市场价格与相应的技术在交易成本方面形成回应。既有研究表明，企业产权的不同会影响到企业的管理效率（高明华和谭玥宁，2014；李向荣，2018）、企业投融资行为（连立帅，2019；张吉鹏和衣长军，2020）、承担的社会责任（连立帅，2019）等诸多方面。

企业所有权性质的不同是混合所有制经济的重要特征，根据所有权人是否为政府，企业可以划分为国有企业和非国有企业两类。基于终极产权理论，国有企业的政府出资额占其表决权股份的一半以上，并且国有企业承担着发展国家经济命脉、维护社会稳定以及推动地方经济增长等社会责任（连立帅，2019），同时是中国特色社会主义的重要物质基础，引领国民经济发展的主导力量。基于此，对于国有企业而言，其具有的政策性融资优势包括以下两点，第一，中国金融体系为政府主导型，政府预算软约束以及国有企业与政府、银行存在的天然联系等优势会导致以国有银行为主的金融机构更多地偏向于对国有企业进行贷款融资（蔡卫星和胡志颖，2016）。中国国有企业更容易获得金融机构的信贷资源，具有更强的债务融资优势（Brandt 和 Li，2003），即使面临财务危机与破产风险时，也更容易获得政府的资金支持（陆正飞等，

2015），而效益较好的非国有企业却难以获得金融机构的信贷融资资源，并且面临较高的融资成本与较短的债务期限。第二，基于维护社会稳定、保持经济持续发展与促进就业等方面的考虑，国家在很多方面会表现出对国有企业的优待和偏爱（连立帅，2019），这会直接或间接导致国有企业受到的资金、资源等政策方面的约束实际上相对于非国有企业而言较低。基于上述分析，本书认为国有企业存在的政策性融资优势会降低会计信息可比性对债务期限结构的影响效应，相较于国有企业，非国有企业的会计信息可比性对债务期限结构的影响效应更强。

基于上述分析，按企业所有权性质（ULC）的不同将研究样本划分为国有企业与非国有企业两组，模型（5.7）的检验结果见表5-7列（1）、列（2）。列（1）为国有企业样本组，会计信息可比性（CompAcct）的系数为1.615，在1%水平上显著，列（2）为非国有企业样本组，会计信息可比性（CompAcct）的系数为1.241，在1%水平上显著。这说明会计信息可比性促进长期债务融资占比提升的影响效应在国有企业与非国有企业中均存在，但无法得知在何种治理环境下影响效应更为显著，为此本节在模型（5.7）基础上进一步引入会计信息可比性（CompAcct）与企业所有权性质（ULC）的交乘项CompAcct×ULC。此时，当观测样本为国有企业时ULC赋值为1，否则为0，其多元回归结果见表5-7列（3），会计信息可比性（CompAcct）的系数为2.307，在1%水平上显著，引入的会计信息可比性与企业所有权性质的交乘项CompAcct×ULC的系数为-1.411，在1%水平上显著，这说明相较于国有企业，非国有企业的会计信息可比性对债务期限结构的影响效应更强，结论与预期一致。

表5-7 **会计信息可比性、企业所有权性质与债务期限结构实证检验**

变量	DM （1）	DM （2）	DM （3）
CompAcct	1.615***	1.241***	2.307***
	（4.993）	（3.385）	（6.491）
CompAcct×ULC			-1.411***
			（-3.189）

续表

变量	DM (1)	DM (2)	DM (3)
ULC			−0.008***
			(−3.708)
Size	0.025***	0.021***	0.023***
	(17.051)	(13.243)	(21.333)
Tang	0.169***	0.119***	0.160***
	(13.670)	(9.302)	(17.885)
Growth	0.009**	0.012***	0.012***
	(2.146)	(3.131)	(4.149)
ROA	−0.034	−0.097***	−0.071***
	(−0.918)	(−3.423)	(−3.075)
FCF	−0.144***	−0.149***	−0.148***
	(−6.301)	(−6.387)	(−9.015)
Lev	0.125***	0.046***	0.089***
	(12.755)	(4.999)	(13.325)
Oneratio	−0.001***	0.000*	−0.000***
	(−6.163)	(1.896)	(−3.297)
ETR	−0.009	0.014*	0.002
	(−1.120)	(1.702)	(0.322)
Constant	−0.485***	−0.406***	−0.433***
	(−15.837)	(−11.975)	(−19.168)
Year/Industry	Control	Control	Control
Observations	7 839	7 289	15 128
Adj-R^2	0.383	0.193	0.322

注：***、**和*分别表示在1%、5%和10%水平上显著；括号中的数据为t值。

5.6 本章小结

本章以2008—2018年A股上市公司为研究样本，理论研究并实证检验会计信息可比性对债务期限结构的影响效应及其作用机制，研究得出以下结论：债务期限结构是债务契约定价的组成部分，是企业与金融机构双方均衡博弈的结果。

首先，对于金融机构而言，高会计信息可比性会通过抑制管理层的盈余管理行为增强财务信息透明度，提升盈余质量并降低信息风险，也会进一步降低企业与外部的信息不对称程度；而金融机构为提升经营绩效与降低经营风险，会选择对高财务信息透明度与高盈余质量、低信息风险与低信息不对称的企业提供长期融资支持；盈余管理在会计信息可比性对债务期限结构的影响效应中发挥中介作用。

其次，对于企业而言，当短期债务融资抑制代理成本的治理效应被高会计信息可比性替代，企业会增加其长期债务融资的意愿。在会计信息可比性对债务期限结构的影响中，其作用机制亦可以通过其抑制代理成本实现，代理成本在会计信息可比性对债务期限结构的影响效应中发挥中介作用。这证实会计信息可比性在企业与金融机构双方基于债务期限的博弈中促进了合作。对于债务期限结构而言，本章从供给方金融机构视角和需求方企业意愿的视角分别研究了会计信息可比性对债务期限结构的影响效应与作用机制，为其提供了理论解释与经验证据。

最后，政府主导型金融体系与国有企业因承担社会责任形成的融资优势弱化了国有企业会计信息可比性对债务期限结构的影响效应，相较于国有企业，非国有企业的会计信息可比性对债务期限结构的影响效应更强。

本章的研究对于防范资本市场债务风险、提高金融机构信贷资本配置效率以及企业债务融资均具有一定启示意义。

6 会计信息可比性与债务期限结构：管理层股权激励的调节机制

本章在上文研究的基础上，将继续探究管理层股权激励在会计信息可比性对债务期限结构影响效应中的调节作用。具体而言，首先，理论分析不同管理层股权激励强度下会计信息可比性对债务期限结构影响效应的差异性，并提出相关研究假设实证检验。其后，进一步分析并检验管理层股权激励在会计信息可比性对债务期限结构的影响效应中的调节作用是否存在“壕沟效应”这一问题。

6.1 理论分析与研究假设

管理层具有企业会计政策选择与变更、会计估计区间决策的自由裁量权（唐松华，2000），这通常被认为是影响会计信息可比性的重要因素（林斌等，2004）。现有研究也为此提供了间接证明，林波等（2014）以资本市场A股民营企业为研究对象，发现管理层股权激励的治理机制对会计信息质量能够起到强化作用。最优契约理论认为，股权激励能够协调管理层与股东之间的利益冲突，促进二者的利益趋同和风险承担，以有效激励机制发挥治理作用提升企业绩效，存在“利益协同”效应。企业绩效决定了管理层股权激励能否行权以及行权后的收益水平，因此，管理层具有强烈的动机提升企业业绩。股权激励能够通过管理层在投资与创新两个方面提升企业业绩（Manso，2011）。在投资方面，会计信息可比性在企业的资源配置中发挥着重要作用，能够为管理层提供投资决策的参照信息，分析与理解行业需求和竞争者战略，确定投资价值和识别潜在的风险；能够通过规范薪酬契约提高对管理层的约束与激励效果，以此缓解逆向选择问题；还能够帮助外部投资者降低信息获取成本、增加信息获取渠道，以此约束管理层的不理性投资行为，进而提升企业投资效率（袁振超和饶品贵，2018；袁知柱和张小曼，2020）；此外，高会计信息可比性能够在企业并购投资中降低并购溢价、并购后的商誉损失以及资产剥离的可能性，有利于提升并购协同效应（Chen 等，2018）。在创新方面，会计信息可比性会对信息传递产生积极作用（De Franco 等，2011；Chen 等，2018），通过降低管理层与股东之间的信息不对称、缓解外部融资约束，以此改善企业创新的意愿和能力，对企业创新产生促进作用（江轩宇等，2017）。因此，基于股权激励行权的经营业绩动因会促使管理层努力提高企业会计信息可比性。

证券监督管理部门对股权激励设置了实施条件，治理结构规范、内部控制制度健全、获得标准审计意见并且业绩优良的企业才能够有机会实施管理层股权激励。实施股权激励的企业在实施前通常具有良好的业绩（周建波和孙菊生，2003），且股权激励的实施向资本市场传递了企业经营和治理规范的积极信息以及高质量成长的发展前景（Leland 和 Pyle，1977；张正勇和董娟，2017），这些积极的信息有利于企业获得金融机构的长期融资支持。另一方面，现有研究表明，中国资本市场股权激励仍然处于发展阶段，股权激励的协同效应占主导地位（安纪娟，2012；王骁羿，2019）。基于“利益协同”假说，股权激励通过促进管理层与股东的利益趋同缓解委托代理冲突，抑制管理层的利己动机与寻租行为并且防止逆向选择与道德风险问题，从而降低企业的第一类委托代理成本。那么，相较于低强度股权激励，高强度股权激励通过提高会计信息可比性、传递企业经营和治理的积极信息并替代短期债务融资对代理成本的抑制作用从而强化会计信息可比性对债务期限结构的影响效应。

而股权激励协调了管理层与股东之间的利益冲突，却可能加剧股东与金融机构之间的利益冲突（John 和 John，1993；Liu 和 Mauer，2011），股东因享有企业剩余收益权会通过高财务杠杆投资于高风险高收益的项目，但金融机构却会因为风险因素缩短其债务融资期限（洪峰和戴文涛，2018）。此外，股权激励通过赋予管理层剩余索取权增加其自我激励，并且增加其风险承担的意愿（Shue 和 Townsend，2017；陈文强等，2020），改变管理层的风险偏好。陈文强（2018）、Sawers 等（2011）研究发现，股权激励强度越高，被激励对象越有动机投资于高风险高补偿的项目。一方面，股权激励尤其是股票期权的模式本身具有较高的风险；另一方面，高风险高补偿的项目也会提高企业经营业绩的波动性、提高财务风险（李小荣等，2015）；此外，在不提升企业业绩的情形下管理层仍通过股权激励形式谋取私有收益的"福利效应"会损害企业发展前景与偿债能力。基于此，金融机构会通过增加债务性保护条款（Begley 和 Feltham，1999）、更高的流动性约束（Liu 和 Mauer，2011）等方式缩短企业债务融资期限（胡国强和盖地，2014），并且短期融资有利于金融机构对企业形成约束机制，通过即时停止续贷等方式降低因高风险造成的坏账损失。那么，相较于低强度股权激励，高强度股权激励因风险因素会对金融机构的信贷契约决策造成负面影响，从而缩短企业债务融资期限弱化会计信息可比性对债务期限结构的影响效应。

综上所述，管理层股权激励会显著影响会计信息可比性与债务期限结构的关系，且据此本章提出竞争性研究假设 H6-1 与假设 H6-2：

H6-1：管理层股权激励会强化会计信息可比性对债务期限结构的影响效应。

H6-2：管理层股权激励会弱化会计信息可比性对债务期限结构的影响效应。

6.2 研究设计

6.2.1 样本数据

以中国资本市场A股2008—2018年上市公司数据为初始样本，在这一初始样本基础上进行如下筛选程序：①剔除金融及保险类行业；②剔除ST、*ST的公司样本；③剔除财务数据缺失及异常值样本。经过上述筛选，得到14 016个公司年度（Firm-Year）样本观察值，涉及16个行业，涵盖11个年份。为消除极端值对研究结论的影响，依照惯例按1%、99%分位对连续变量进行Winsorize处理，相关数据均来自CSMAR数据库及Wind资讯金融终端。

6.2.2 变量定义

1.被解释变量：债务期限结构（DM）

债务期限结构度量的方法有资产负债表法、各类债务期限加权平均法及增量法。资产负债表法因可直接从资产负债表中获取数据而被较多学者采用，借鉴肖作平和廖理（2008）、翟淑萍等（2019）的研究，本书使用长期借款占负债总额的比重度量债务期限结构（DM），为保证度量的稳健性，在稳健性检验中使用长期负债占负债总额的比重（DM1）度量债务期限结构。

2.解释变量：会计信息可比性（CompAcct）

公司i与行业内其他公司配对组合的会计信息可比性均值。借鉴De Franco等（2011）、袁振超和饶品贵（2018）的研究方法构建会计信息可比性的度量模型。

一是根据公司第t期前16个季度数据构建模型（6.1）估算会计系统。

$$Earnings_{i,t} = \alpha_i + \beta_i Return_{i,t} + \varepsilon_{i,t} \quad (6.1)$$

其中，Earnings为季度净利润与期初权益市场价值的比值；Return

为季度股票收益率。拟合方程可得公司i的会计系统转换函数$\hat{\alpha}_i$、$\hat{\beta}_i$，同理，可得公司j的会计系统转换函数$\hat{\alpha}_j$、$\hat{\beta}_j$。

二是将模型（6.1）得到的转换函数代入模型（6.2）和模型（6.3）中，计算公司i和公司j的预期盈余，$E(Earnings)_{iit}$与$E(Earnings)_{ijt}$分别为根据各自的会计系统转换函数和第t期公司i、公司j的季度股票收益率计算出的预期盈余。

$$E(Earnings)_{iit} = \hat{\alpha}_i + \hat{\beta}_i Return_{it} \tag{6.2}$$

$$E(Earnings)_{ijt} = \hat{\alpha}_j + \hat{\beta}_j Return_{it} \tag{6.3}$$

两家公司的会计系统越是相似，在季度股票收益率相同的情况下，两家公司的预期盈余也越接近，用二者的差异衡量两家公司的会计信息可比性。

三是根据模型（6.4）计算公司i和公司j的会计信息可比性。将公司i依次与行业内所有公司一一配对，计算公司i全部组合的会计信息可比性并取均值，即为公司i的会计信息可比性，其值越大，会计信息可比性越高。

$$CompAcct_{ijt} = -1/16 \times \sum_{t-15}^{t} \left| E(Earnings)_{iit} - E(Earnings)_{ijt} \right| \tag{6.4}$$

3.调节变量：管理层股权激励（Msharerate）

在实践中，股权激励的模式具有复杂性，但无论何种激励模式最终都将体现在被激励对象持股比例的增减变动方面（上海证券交易所，2004）。借鉴韦琳等（2021）、李世辉等（2021）、屈恩义和朱方明（2017）、王生年和朱艳艳（2017）、李小荣和张瑞君（2014）、汤业国和徐向艺（2012）的研究，采用董事、监事和高级管理人员持股总额占总股本的比重度量管理层股权激励强度。

4.控制变量

参考肖作平和廖理（2008）、杨鑫等（2018）、洪峰和戴文涛（2018）、翟淑萍等（2019）、吴卫星等（2020）的研究，选取如下变量作为控制变量：公司规模（Size）、资产期限结构（Tang）、公司成长机会（Growth）、盈利能力（ROA）、自由现金流量（FCF）、资产负债率（Lev）、第一大股东持股比率（Oneratio）、实际所得税率（ETR）、终极控制人性质（ULC）。为了控制行业和年度对债务期限结构的影响，本书还将在模型中加入行业和年度虚拟变量。具体变量定义见表6-1。

表6-1 **变量定义表**

变量名称	变量符号	变量说明
债务期限结构	DM	长期借款/负债总额
	DM1	长期负债/负债总额
会计信息可比性	CompAcct	公司i与行业内其他公司配对组合的会计信息可比性均值
管理层股权激励	Msharerate	董事、监事以及高级管理人员持股总额占总股本的比重
公司规模	Size	总资产的自然对数
资产期限结构	Tang	固定资产/资产总额
公司成长机会	Growth	营业收入增长率
盈利能力	ROA	总资产收益率
自由现金流量	FCF	经营活动现金流量净额/资产总额
资产负债率	Lev	负债总额/资产总额
第一大股东持股比率	Oneratio	第一大股东持股比例
实际所得税率	ETR	所得税费用/税前利润总额
终极控制人性质	ULC	终极控制人为国有性质时取1，否则为0
年度	Year	2008—2018年度，样本所在年份赋值为1，否则为0
行业	Industry	公司所在行业赋值为1，否则为0

6.2.3 模型设计

根据本章的理论分析，建立模型（6.5）以验证会计信息可比性与债务期限结构的关系是否会因管理层股权激励的影响而发生改变，即管理层股权激励在会计信息可比性对企业债务期限结构的影响效应中发挥的调节作用。若会计信息可比性（CompAcct）与管理层股权激励（Msharerate）的交乘项CompAcct×Msharerate系数β_2显著为正，则说明管理层股权激励会强化会计信息可比性对债务期限结构的影响效应；若会计信息可比性（CompAcct）与管理层股权激励（Msharerate）的交乘项CompAcct×Msharerate系数β_2显著为负，则说明管理层股权激励会弱化会计信息可比性对债务期限结构的影响效应。

$$\begin{aligned}DM_{i,t} = {} & \alpha_0 + \beta_1 CompAcct_{i,t} + \beta_2 CompAcct_{i,t} \times Msharerate_{i,t} + \beta_3 Msharerate_{i,t} + \\ & \beta_4 Size_{i,t} + \beta_5 Tang_{i,t} + \beta_6 Growth_{i,t} + \beta_7 ROA_{i,t} + \beta_8 FCF_{i,t} + \beta_9 Lev_{i,t} + \\ & \beta_{10} Oneratio_{i,t} + \beta_{11} ETR_{i,t} + \beta_{12} ULC_{i,t} + \beta_{1,t} Year_t + \beta_{2,i} Industry_i + \varepsilon_{i,t}\end{aligned} \tag{6.5}$$

其中，α_0代表截距项，β_i表示回归系数，$\varepsilon_{i,t}$代表扰动项。

6.3 实证检验与结果分析

6.3.1 描述性统计分析

本章的主要变量描述性统计见表6-2。为了防止极端值对研究结论造成的影响，已经对所有连续变量按1%、99%分位进行Winsorize处理。由表6-2可知，2008—2018年，中国资本市场A股上市公司长期借款占负债总额的比例（DM）最小值为0，最大值为0.658，均值为0.102，标准差为0.148，这说明长期债务融资占比不高，并且不同公司之间的长期债务融资占比差异较大。会计信息可比性指标（CompAcct）的最小值为-0.032，最大值为-0.003，均值为-0.009，标准差为0.005，这与方红星等（2017）、张先治等（2018）、林钟高和李文灿（2021）等研究文献的统计结果较为接近，管理层股权激励（Msharerate）最小值为0，最大值为0.587，均值为0.068，标准差为0.141，这表明资本市场中不同企业的会计信息可比性与管理层股权激励差异明显。从其他控制变量的统计特征来看，大部分变异程度相对较大。但值得注意的是，第一大股东持股比例（Oneratio）的均值高达34.727%，说明其在公司治理中的功能不可忽视。

表6-2 **主要变量描述性统计**

变量	样本量	均值	标准差	最小值	最大值	中位数
CompAcct	14 016	−0.009	0.005	−0.032	−0.003	−0.008
DM	14 016	0.102	0.148	0	0.658	0.031
Msharerate	14 016	0.068	0.141	0	0.587	0.000
Size	14 016	22.329	1.305	19.621	27.849	22.163
Tang	14 016	0.244	0.177	0.002	0.745	0.209
Growth	14 016	0.168	0.415	−0.549	2.727	0.102
ROA	14 016	0.039	0.056	−0.174	0.222	0.034
FCF	14 016	0.048	0.072	−0.182	0.252	0.046
Lev	14 016	0.474	0.202	0.070	0.945	0.479
Oneratio	14 016	34.727	14.993	8.140	74.890	32.830
ETR	14 016	0.172	0.180	−0.641	0.816	0.166
ULC	14 016	0.509	0.500	0	1	1

6.3.2 多元回归结果与分析

表6-3列（1）为会计信息可比性（CompAcct）对债务期限结构（DM）影响效应的回归结果，会计信息可比性（CompAcct）的系数为1.315，在1%水平上显著，这表明会计信息可比性有利于提高企业债务期限结构。列（2）在加入管理层股权激励（Msharerate）变量后，会计信息可比性（CompAcct）的系数为1.333，依然在1%水平上显著。在此基础上，进一步加入会计信息可比性（CompAcct）与管理层股权激励（Msharerate）的交乘项，列（3）即模型（6.5）管理层股权激励在会计信息可比性对债务期限结构的影响效应中发挥的调节作用的回归结果，会计信息可比性（CompAcct）的系数为1.722，在1%水平上显著，在考虑了包括会计信息可比性（CompAcct）、管理层股权激励（Msharerate）及其他因素的直接影响后，会计信息可比性（CompAcct）

与管理层股权激励（Msharerate）的交乘项CompAcct×Msharerate系数为8.607，在1%水平上显著。这说明管理层股权激励会显著影响会计信息可比性与债务期限结构的关系，管理层股权激励会强化会计信息可比性对债务期限结构的影响效应，支持本章的研究假设H6-1。研究假设H6-2没有被证实。

表6-3 **会计信息可比性与债务期限结构：管理层股权激励的调节机制**

变量	DM (1)	DM (2)	DM (3)
CompAcct	1.315***	1.333***	1.722***
	(5.065)	(5.120)	(6.380)
CompAcct×Msharerate			8.607***
			(3.848)
Msharerate		-0.008	-0.031***
		(-1.192)	(-3.246)
Size	0.022***	0.022***	0.022***
	(19.835)	(19.761)	(19.679)
Tang	0.170***	0.170***	0.170***
	(18.151)	(18.133)	(18.140)
Growth	0.012***	0.012***	0.012***
	(4.000)	(4.033)	(4.060)
ROA	-0.076***	-0.076***	-0.082***
	(-3.139)	(-3.124)	(-3.354)
FCF	-0.140***	-0.141***	-0.139***
	(-8.153)	(-8.166)	(-8.064)
Lev	0.087***	0.087***	0.086***
	(12.433)	(12.314)	(12.262)

续表

变量	DM (1)	DM (2)	DM (3)
Oneratio	-0.000***	-0.000***	-0.000***
	(-2.998)	(-3.020)	(-3.127)
ETR	0.001	0.001	0.001
	(0.125)	(0.091)	(0.082)
ULC	-0.010***	-0.011***	-0.011***
	(-4.226)	(-4.186)	(-4.391)
Constant	-0.427***	-0.425***	-0.420***
	(-18.139)	(-18.013)	(-17.723)
Year/Industry	Control	Control	Control
Observations	14 016	14 016	14 016
$Adj-R^2$	0.317	0.317	0.318

注：***、**和*分别表示在1%、5%和10%水平上显著；括号中的数据为t值。

6.4 稳健性检验

为了增强本章研究结论的稳健性，本节从改变被解释变量、解释变量与调节变量的度量方法等方面检验本章的研究内容。

1.改变债务期限结构的度量方法

借鉴肖作平和廖理（2008）、翟淑萍等（2019）的研究，使用长期负债占负债总额的比重（DM1）重新度量企业债务期限结构。模型（6.5）的多元回归结果见表6-4列（1），会计信息可比性（CompAcct）的系数为2.996，在1%水平上显著，在考虑了包括会计信息可比性（CompAcct）、管理层股权激励（Msharerate）及其他因素的直接影响后，会计信息可比性（CompAcct）与管理层股权激励（Msharerate）的交乘项CompAcct×Msharerate系数为7.810，在1%水平上显著，这说明管理层股权激励会显著影响会计信息可比性与债务期限结构的关系，管理层股权激励会强化会计信息可比性对债务期限结构的影响效应。

2.改变会计信息可比性的度量方法

Cooper 和 Cordeiro（2008）研究发现，投资者更倾向于参考行业内会计信息可比性最高的几家公司进行评估，借鉴江轩宇等（2019）、张勇（2020）的研究，以会计信息可比性最高的十对组合的平均值（CompAcct10）重新度量会计信息可比性。模型（6.5）的多元回归结果见表6-4列（2），会计信息可比性（CompAcct10）的系数为2.018，在1%水平上显著，在考虑了包括会计信息可比性（CompAcct10）、管理层股权激励（Msharerate）及其他因素的直接影响后，交乘项CompAcct10×Msharerate的系数6.279，在5%水平上显著，这说明管理层股权激励仍然会显著影响会计信息可比性与债务期限结构的关系，管理层股权激励会强化会计信息可比性对债务期限结构的影响效应。

3.改变管理层股权激励的度量方法

借鉴韦琳（2021）的研究，采用高级管理人员持股总额占总股本的比重度量管理层股权激励（Gsharerate）强度。模型（6.5）的多元回归结果见表6-4列（3），会计信息可比性（CompAcct）的系数为2.784，在1%水平上显著，在考虑了包括会计信息可比性（CompAcct）、管理层股权激励（Gsharerate）及其他因素的直接影响后，交乘项CompAcct×Gsharerate的系数8.337，在10%水平上显著，这说明管理层股权激励仍然会显著影响会计信息可比性与债务期限结构的关系，管理层股权激励会强化会计信息可比性对债务期限结构的影响效应。

表6-4 **会计信息可比性与债务期限结构：管理层股权激励的调节机制稳健性检验**

变量	DM1 (1)	DM (2)	DM1 (3)
CompAcct	2.996***		2.784***
	(9.515)		(9.081)

续表

变量	DM1 (1)	DM (2)	DM1 (3)
CompAcct10		2.018***	
		(5.682)	
CompAcct×Msharerate	7.810***		
	(2.851)		
CompAcct10×Msharerate		6.279**	
		(2.151)	
Msharerate	-0.044***	-0.017**	
	(-3.696)	(-1.976)	
CompAcct×Gsharerate			8.337*
			(1.946)
Gsharerate			-0.036**
			(-1.990)
Size	0.041***	0.022***	0.041***
	(30.763)	(19.702)	(30.832)
Tang	0.199***	0.170***	0.199***
	(18.605)	(18.110)	(18.591)
Growth	0.006*	0.012***	0.006
	(1.655)	(4.120)	(1.573)
ROA	-0.127***	-0.083***	-0.127***
	(-4.377)	(-3.375)	(-4.351)
FCF	-0.173***	-0.141***	-0.173***
	(-8.506)	(-8.183)	(-8.506)
Lev	0.090***	0.086***	0.091***
	(10.690)	(12.219)	(10.822)

续表

变量	DM1 (1)	DM (2)	DM1 (3)
Oneratio	-0.000***	-0.000***	-0.000***
	(-3.997)	(-2.979)	(-3.881)
ETR	-0.013*	0.001	-0.013*
	(-1.811)	(0.109)	(-1.754)
ULC	-0.016***	-0.011***	-0.014***
	(-5.143)	(-4.309)	(-4.699)
Constant	-0.799***	-0.425***	-0.805***
	(-29.549)	(-17.944)	(-29.81)
Year/Industry	Control	Control	Control
Observations	14 016	14 016	14 016
Adj-R^2	0.354	0.317	0.354

注：***、**和*分别表示在1%、5%和10%水平上显著；括号中的数据为t值。

6.5 进一步分析

随着股权激励强度增加管理层逐渐获得企业控制权后，董事会的监督功能减弱，管理层会因此谋取私利，此时股权激励存在“利益侵占”效应。不完备契约下的寻租行为是企业盈余管理发生的必然原因，在股权激励实施后，管理层通过履职尽责与勤勉敬业的工作仍不能达到企业盈利增长预期等行权条件时，因声誉与行权获利的需求，操控盈余、粉饰财务报告、提高业绩将成为其行权的手段。管理层股权激励与盈余管理、财务报告误报和重述有关，并且会诱发管理层隐藏关于企业发展机会的坏消息（Benmelech 等，2010；谢德仁等，2018）。从动机角度看，股权激励强度越大，管理层盈余管理的动机越强，股权激励强度会促进企业盈余管理行为（Kedia 和 Philippon，2009；吕长江等，2009；张静和陈淑芳，2021）。另一方面，Bergstresser 和 Philippon（2006）研究发现，管理层股权激励强度会影响企业盈余管理程度，激励数量每增加1%将引起盈余管理程度增加11%。而盈余管理行为会降低企业财务信息透明度与盈余质量（胥朝阳和刘睿智，2014），降低企业会计信息可比性的同时增加了企业与金融机构之间的信息不对称程度，导致金融机构不能准确地判断企业真实的经营成果和财务状况而在提供资金融资时更为谨慎。此外，公司战略是企业最高层次的目标规划、未来经营发展的方向，同时也是一系列营业决策的起点和基础（Chandler，1962），基于本书第四章的研究，股权激励通过提升投资与研发投入水平提高企业战略激进度。一方面，高企业战略激进度意味着投资超过正常经营承受能力、资金需求大幅度超出内源融资供给能力，这会通过降低投资效率和提高资产金融性负债率的中介路径增加企业债务违约风险（郭靖和张新民，2021），并且更容易受到融资约束的影响（Miles 和 Snow，1978，2003；Bentley 等，2013；王化成等，2016）。另一方面，高企业战略激进度通过投资拓展市场和研发新技术提高企业经营风险和内外部信息不对称程度。这些风险因素均会使金融机构缩短企业债务融资期限（翟淑萍等，2019），从而弱化会计信息可比性对债务期限结构的影响效应。综上所述，管理层股权激励在会计信息可比性对债务期限结构影响效应中的调节作用存在“壕沟效应”。

为检验这一研究问题，在本章模型（6.5）的基础上增加会计信息可比性与管理层股权激励平方项的交乘项（CompAcct×sqMsharerate）和管理层股权激励的平方项（sqMsharerate）构建模型（6.6）。

$$\begin{aligned} DM_{i,t} = {} & \alpha_0 + \beta_1 CompAcct_{i,t} + \beta_2 CompAcct_{i,t} \times Msharerate_{i,t} + \\ & \beta_3 Msharerate_{i,t} + \beta_4 CompAcct_{i,t} \times sqMsharerate_{i,t} + \\ & \beta_5 sqMsharerate_{i,t} + \beta_6 Size_{i,t} + \beta_7 Tang_{i,t} + \beta_8 Growth_{i,t} + \\ & \beta_9 ROA_{i,t} + \beta_{10} FCF_{i,t} + \beta_{11} Lev_{i,t} + \beta_{12} Oneratio_{i,t} + \\ & \beta_{13} ETR_{i,t} + \beta_{14} ULC_{i,t} + \beta_{1,t} Year_t + \beta_{2,i} Industry_i + \varepsilon_{i,t} \end{aligned} \tag{6.6}$$

其中，α_0代表截距项，β_i表示回归系数，$\varepsilon_{i,t}$代表扰动项。

若模型（6.6）中会计信息可比性（CompAcct）与管理层股权激励（Msharerate）的交乘项（CompAcct×Msharerate）系数显著为正，会计信息可比性（CompAcct）与管理层股权激励平方项（sqMsharerate）的交乘项（CompAcct×sqMsharerate）系数显著为负，则说明管理层股权激励在会计信息可比性对债务期限结构影响效应中的调节作用存在“壕沟效应”。

检验结果见表6-5。表6-5列（1）为会计信息可比性（CompAcct）对债务期限结构（DM）影响效应的回归结果，会计信息可比性（CompAcct）的系数为1.315，在1%水平上显著，这表明会计信息可比性有利于提高企业债务期限结构。列（2）为模型（6.6）即管理层股权激励在会计信息可比性对债务期限结构影响效应中的调节作用“壕沟效应”检验的结果，会计信息可比性（CompAcct）的系数为2.159，在1%水平上显著，会计信息可比性（CompAcct）与管理层股权激励（Msharerate）的交乘项（CompAcct×Msharerate）系数为13.682，在1%水平上显著，会计信息可比性（CompAcct）与管理层股权激励平方项（sqMsharerate）的交乘项（CompAcct×sqMsharerate）系数为-23.405，在10%水平上显著，这表明管理层股权激励在会计信息可比性对债务期限结构影响效应中的调节作用存在“壕沟效应”，调节作用呈现倒U形关系。在管理层持股比例达到0.2923［=13.682/2×23.405］后，管理层股权激励负向调节会计信息可比性对债务期限结构的影响效应。

表6-5 **管理层股权激励在会计信息可比性对债务期限结构影响中的“壕沟效应”检验**

变量	DM (1)	DM (2)
CompAcct	1.315***	2.159***
	(5.065)	(5.734)
CompAcct×Msharerate		13.682***
		(3.096)
Msharerate		-0.079***
		(-3.747)
CompAcct×sqMsharerate		-23.405*
		(-1.760)

续表

变 量	DM (1)	DM (2)
sqMsharerate		0.171***
		(2.870)
Size	0.022***	0.022***
	(19.835)	(19.760)
Tang	0.170***	0.170***
	(18.151)	(18.074)
Growth	0.012***	0.012***
	(4.000)	(4.110)
ROA	-0.076***	-0.083***
	(-3.139)	(-3.378)
FCF	-0.140***	-0.139***
	(-8.153)	(-8.058)
Lev	0.087***	0.086***
	(12.433)	(12.164)
Oneratio	-0.000***	-0.000***
	(-2.998)	(-3.402)
ETR	0.001	0.000
	(0.125)	(0.047)
ULC	-0.010***	-0.012***
	(-4.226)	(-4.668)
Constant	-0.427***	-0.420***
	(-18.139)	(-17.689)
Year/Industry	Control	Control
Observations	14 016	14 016
$Adj\text{-}R^2$	0.317	0.318

注：***、**和*分别表示在1%、5%和10%水平上显著；括号中的数据为t值。

6.6 本章小结

本章以2008—2018年中国资本市场A股上市公司为研究样本，理论分析并且实证检验了管理层股权激励在会计信息可比性对债务期限结构影响效应中的调节作用。研究结果表明，股权激励通过协调管理层与股东之间的利益冲突，促进二者的利益趋同和风险承担，以有效激励机制发挥治理作用，提升企业绩效。管理层会因为会计信息可比性能够提升投资效率与并购协同效应、改善企业创新能力与意愿，以及能够促进创新的作用，从而提高会计信息可比性。此外，股权激励的实施通过缓解委托代理冲突、抑制管理层的自利动机与寻租行为从而降低企业的第一类代理成本，同时向资本市场传递了企业经营和治理规范的积极信息以及高质量成长的发展前景。因此，相较于低强度股权激励，高强度股权激励通过提高会计信息可比性、传递企业经营和治理的积极信息并替代短期债务融资对代理成本的抑制作用，从而强化会计信息可比性对债务期限结构的影响效应。进一步研究现，管理层股权激励在会计信息可比性对债务期限结构影响效应中的调节作用存在“壕沟效应”，当管理层持股比例高于29.23%后，管理层股权激励通过增加盈余管理行为、提高企业战略激进度增加信息不对称与风险因素而使其负向调节会计信息可比性对债务期限结构的影响效应。

7 研究结论与政策建议

本章将在文献综述与评述、理论分析以及实证检验的基础上，总结全书的主要研究结论；进一步地，立足于中国现阶段的发展情况，根据本章的研究结论及启示，从资本市场监管层面、上市公司层面和金融机构层面分别提出相应的政策建议；最后，结合研究目前存在的局限性，明确未来的研究方向与研究内容。

7.1 研究结论

本书以中国资本市场2008—2018年A股上市公司为研究样本，首先，基于最优契约理论与管理层权力理论，研究管理层股权激励对会计信息可比性的影响效应，并且基于“公司治理→经营行为→财务后果”的路径（李维安，2011）视角，探究这一影响的微观路径与作用机理，深入辨析微观机理问题；且从行业特征、外部审计和企业所有权性质三个方面进一步分析其对管理层股权激励影响会计信息可比性作用的调节效应。再次，基于信息不对称理论与委托代理理论探究会计信息可比性对企业债务期限的影响效应，再基于中介效应模型分别从企业与金融机构双方的视角探讨会计信息可比性对债务期限结构的影响路径与作用机制，探究其微观机理问题，并且就这一影响效应是否会因企业所有权性质不同而存在差异作进一步分析。最后，辨析管理层股权激励在会计信息可比性对债务期限结构影响效应中的调节作用。通过上述研究，本书得出如下研究结论：

第一，管理层股权激励对会计信息可比性的影响存在“壕沟效应”，其作用呈倒U形关系。首先，以中国资本市场2008—2018年A股上市公司为研究样本，基于最优契约理论与管理层权力理论，研究发现当管理层持股比例低于35%时，股权激励体现为“利益协同”效应，会促进管理层与股东之间利益趋同、风险承担，以有效的治理机制提升企业业绩。而会计信息可比性能够通过提升投资效率与并购协同效应、缓解融资约束以此改善创新的意愿与能力促进创新两方面提升企业业绩，因此管理层因所获授的股权行权业绩动因会提高企业会计信息可比性；当持股比例高于35%时，股权激励体现为“利益侵占”效应，过度的股权激励将会大幅度提高管理层的盈余管理行为，使管理层因声誉与行权获利的需求，将操控盈余提高企业业绩成为其行权的手段，而盈余管理行为会通过降低财务信息透明度与盈余质量降低企业会计信息可比性，因此，管理层股权激励对会计信息可比性的影响存在“壕沟效应”，其作用呈倒U形关系。其次，基于“管理层股权激励→企业战略激进度→会计信息可比性”路径，研究发现管理层股权激励通过企业战略激进度这一渠道对会计信息可比性产生作用，并且这一渠道表现为负向中介效应。管理层股权激励会通过增加投资与创新投入提高企业战略激进度，但企业战略激进度达到一定程度后会增加企业的经营风险并形成财务困境，基于会计信息系统论，增加经营风险会导致会计信息系统的信息加工规则异化，降低会计信息可比性，而财务困境会使企业因面临更高的融资需求而提高盈余管理程度，从而进一步降低会计信息可比性。最后，因高新技术行业已较多地承担创新任务，其对研发创新以及研发投入的敏感性均高于非高新技术行业，国有企业承担着推动经济增长、维护社会稳定的社会责任以及国家政策性目标等因素，使高新技术行业与国有企业的管理层不会基于股权继续大幅度提高企业战略激进度从而形成对会计信息可比性影响的中介效应，即相对于高新技术行业与国有企业，管理层股权激励通过提高企业战略激进度进而降低会计信息可比性的影响效应在非高新技术行业与非国有企业中更强。高审计质量能够通过股权激励动机识别企业盈余管理行为，并且发挥监督与治理功能，弱化管理层股权激励对会计信息可比性的倒U形“壕沟效应”作用。

第二，会计信息可比性这一质量特征有利于提高企业债务融资期限。首先，基于“会计信息可比性→盈余管理→债务期限结构”路径，对于金融机构而言，高会计信息可比性会通过抑制管理层的盈余管理行为增强财务信息透明度、提升盈余质量并降低信息风险，金融机构为提升经营绩效与降低经营风险会选择对高财务信息透明度、高盈余质量与信息风险低的企业提供长期债务融资。盈余管理在会计信息可比性对债务期限结构的影响效应中发挥中介作用，这也表明2007年中国金融体制与金融市场进行改革后，在一系列政策与措施增强商业化与市场化的背景下，资本市场已经能够有效识别企业的盈余管理行为。其次，基于“会计信息可比性→代理成本→债务期限结构”路径，对于企业而言，当短期债务融资抑制代理成本的治理效应被高会计信息可比性替代，企业会增加其长期债务融资的意愿，在会计信息可比性对债务期限结构的影响中，其作用机制亦可以通过其抑制代理成本实现，代理成本在会计信息可比性对债务期限结构的影响效应中发挥中介作用。会计信息可比性在企业与金融机构双方基于债务期限的博弈中促进了合作。进一步分析中，通过不同企业所有权性质下会计信息可比性对债务期限结构影响效应的差异分析，发现政府主导型金融体系与国有企业因承担社会责任形成的融资优势弱化了国有企业会计信息可比性对债务期限结构的影响效应，相较于国有企业，非国有企业的会计信息可比性对债务期限结构的影响效应更强。

第三，管理层股权激励会影响会计信息可比性对债务期限结构的影响效应。管理层股权激励会强化会计信息可比性对债务期限结构的影响效应，进一步地，股权激励的调节作用具有“壕沟效应”，过度激励将会适得其反。相较于低强度股权激励，高强度股权激励通过提高会计信息可比性、向金融机构传递企业经营与治理的积极信息并替代短期债务融资对代理成本的抑制作用，从而强化会计信息可比性对债务期限结构的影响效应。但当股权激励过度时，管理层股权激励将通过增加盈余管理行为、提高企业战略激进度而使其负向调节会计信息可比性对债务期限结构的影响效应，从而形成“壕沟效应”。

7.2 政策建议

本书针对管理层股权激励、会计信息可比性与企业债务期限结构进行研究，研究结论对于企业债务融资与公司治理、资本市场信息披露、防范资本市场债务风险与提高信贷资本配置效率均具有启示意义。基于本书的理论分析与研究结论，本节将分别从企业治理层面、监管层面与金融机构层面提出若干具有针对性的政策建议。

第一，在企业治理层面，首先，管理层股权激励作为一种长效机制在公司治理中发挥着重要作用，本书以中国资本市场A股上市公司为样本，研究证实管理层股权激励对企业会计信息可比性的影响效应、管理层股权激励在会计信息可比性对债务期限结构的作用中均存在“壕沟效应”，这为中国证监会与资本市场推行管理层股权激励提供了有益的经验证据。那么，在肯定管理层股权激励会对会计信息可比性产生重要影响的同时，应注意管理层股权激励强度，运用管理层股权激励机制缓解管理层与股东之间的代理问题时应避免过度激励对企业会计信息可比性以及会计信息可比性对债务期限结构的影响造成的负面效应。其次，企业应遵守会计基本准则以及资本市场基于会计信息可比性方面的信息披露要求，积极提高企业会计信息可比性。在信息不对称程度较高时，更应充分发挥会计信息可比性在企业与金融机构之间提高财务信息透明度与盈余质量、降低信息风险与信息不对称的作用，降低代理成本，促进长期融资债务契约的签订与执行，为企业融资提供支持。最后，应重视外部审计的监督与治理功能，审计师的高审计质量能够通过管理层股权激励动机识别企业的盈余管理行为，缓解通过股权过度激励引起的高企业战略激进度对会计信息可比性造成的负面影响。

第二，在监管层面，一方面，管理层股权激励通过企业战略激进度对会计信息可比性产生的倒U形影响效应表明，会计基本准则的执行并不是影响会计信息可比性的唯一因素，而股权激励等公司治理行为与经营方面的企业战略特征均会影响会计信息可比性这一质量特征，因此，监管层应考虑从股权激励与企业战略特征角度提升资本市场信息披露质量。此外，深化股权激励改革应当考虑，在企业存在股权过度激励时，加强对管理层权力的监管和完善以及与此配套的政策与措施，如提高独立董事的独立性、限制董事会成员与总经理兼任的二职合一行为，对管理层内部岗位定期轮换、将股权激励机制实行外部审计全覆盖、提高企业违规披露信息的成本等措施，防止股权过度激励通过企业盈余管理行为向外界披露不可靠的会计信息对资本市场有效运行产生负面影响。另一方面，对于资本市场不均衡的债务期限结构问题，研究结果表明：对于金融机构方而言，会计信息可比性这一质量特征会通过抑制管理层的盈余管理行为增强企业财务信息透明度、提升盈余质量并降低信息风险，从而提高金融机构对企业的长期债务融资支持力度；对于企业方而言，当短期债务融资抑制代理成本的治理效应被高会计信息可比性替代，企业会增加其长期债务融资的意愿。可见，会计信息可比性在企业与金融机构双方基于债务期限的博弈中促进了合作，但如果这个问题仅仅考虑会计信息整体质量显然难以深刻理解质量特征中各项特征在资本市场中发挥的内在作用。对于监管层而言，应从不同的会计信息质量特征角度优化会计信息披露制度与监管，而提高企业会计信息可比性层面的披露质量能够充分发挥会计信息可比性的信号传递与债务契约双方冲突的协调功能，对于改善资本市场债务期限结构失衡的现状与防范资本市场债务风险均有重要意义。

第三，在金融机构层面，上市公司披露的会计信息所传达的企业营业状况与财务状况是债务契约签订达成的决定性因素，而会计信息质量特征包括可靠性、相关性、可比性、实质重于形式等方面，每一个质量特征所传达的信息与其在资本市场中发挥的作用是不尽相同的。金融机构在进行决策时，在审查企业会计信息可靠性保证其客观可验证的基础上，应充分利用会计信息可比性这一质量特征识别企业的盈余管理行为、盈余质量以及信息风险，提高信贷资本配置效率；也可以利用会计信息可比性在债务契约持续过程中对企业进行合理评估，加强对债务资金使用的监督，确保债权安全并且防范资本市场债务风险。

7.3 研究局限与未来研究展望

7.3.1 研究局限

由于作者能力、研究主题等客观因素所限，本书的研究尚且存在不足，但同时这些也将成为作者未来的研究方向，具体内容包括以下几个方面：

第一，尽管本书基于最优契约理论、管理层权力理论、信息不对称理论以及委托代理理论，探索与甄别了管理层股权激励对企业会计信息可比性以及会计信息可比性对企业债务期限结构的影响效应、中介路径与机理问题，然而，囿于公司治理结构与治理机制的复杂性，本书研究尚未探析管理层股权激励对会计信息可比性以及会计信息可比性对企业债务期限结构的其他潜在影响路径与作用机制，因此，这一局限性在一定程度上遮掩了本书对于管理层股权激励、会计信息可比性与企业债务期限结构研究的全貌。

第二，本书借鉴De Franco等（2011）、袁振超和饶品贵（2018）等研究企业间会计信息可比性的度量方法，基于会计信息可比性的角度探究了其对企业债务期限结构的影响效应以及其中的中介路径与影响机制问题，但企业会计信息可比性既包括同一时期不同企业间的会计信息可比性，也要求同一企业不同时期的会计信息具备可比性，而后者的经济后果研究本书并未涉及，这同时也是目前会计学术领域研究的空白。此外，在企业战略激进度与会计信息可比性的度量方面，尽管本书参考了管理学领域权威顶尖期刊的度量方法并且在稳健性检验中改变了度量方法，但仍然可能存在系统性偏差。

第三，基于档案式研究方法，本书研究仍把因果关系作为理论推导的必要条件，但实际上企业的经营与治理会受到多种因素的影响并且复杂多变，档案式研究方法仅基于企业披露或愿意披露的信息进行研究，因此，研究程序与方法局限于目前的企业会计实务水平与信息披露状况。

7.3.2 未来研究展望

本书的研究具有一定理论意义与现实意义，但囿于作者能力、研究主题等客观因素，仍存在一些局限。今后的研究将就以下方面加以完善：

第一，探索管理层股权激励对企业会计信息可比性、会计信息可比性对企业债务期限结构的其他影响路径与作用机制。尽管本书的研究已经探究了部分路径与作用机制，但公司治理结构与治理机制是具有复杂性的，那么上述影响效应仍可能存在其他影响路径甚至遮掩效应，因此，这为进一步探寻其他影响路径与作用机制提供了研究契机与研究方向。

第二，有鉴于会计信息可比性的重要性，那么基于何种因素、如何提高企业会计信息可比性将成为下一步研究的重要内容之一。此外，针对De Franco等（2011）基于会计信息系统视角研究的这一会计信息可比性的度量方法在不同制度与经济环境中是否存在度量与刻画差异，Bentley等（2013）的企业战略激进度的度量方法是否涵盖企业战略的全貌，下一步也将对这些问题展开深入的探索式研究。

第三，探索管理层股权激励促进企业会计信息可比性、会计信息可比性促进企业债务期限结构的关键因素。本书虽在企业所有权性质、行业特征等方面弥补了现有理论研究的不足，但企业外部环境与外部治理机制的交互作用仍为探寻促进管理层股权激励对企业会计信息可比性影响、企业会计信息可比性对企业债务期限结构影响的积极效果的关键因素提供了研究契机与研究方向。

参考文献

[1] 阿尔钦．产权：一个经典注释［M］//科斯，阿尔钦，诺斯．财产权利与制度变迁：产权学派与新制度学派译文集．刘守英，等译．上海：上海三联书店，上海人民出版社，1994.

[2] 安纪娟．管理层持股对债务期限结构影响的实证研究［D］．苏州：苏州大学，2012.

[3] 陈国辉，殷健．CFO任职经验与会计信息可比性：基于高层梯队理论的实证分析［J］．山西财经大学学报，2018，40（12）：106-120.

[4] 陈国辉，殷健．CEO任期与会计信息可比性［J］．财经问题研究，2018（11）：82-89.

[5] 陈翔宇，肖虹，万鹏．会计信息可比性、信息环境与业绩预告准确度［J］．财经论丛，2015（10）：58-66.

[6] 陈效东．管理层股权激励与审计监督：利益权衡还是信号传递？［J］．审计与经济研究，2017，32（4）：39-50.

[7] 戴雨晴，李心合．管理层权力制衡强度与资本结构调整速度：基于债务约束效应视角［J］．经济管理，2021，43（4）：173-190.

[8] 杜春明，张先治，常利民．商誉信息会影响企业债务期限结构吗？——基于债权人的视角［J］．证券市场导报，2019（2）：45-54.

[9] 段伟宇，师萍．股权结构对债务期限结构选择的影响：基于国家层面创新型企业的证据［J］．预测，2013，32（6）：15-21.

[10] 范合君，初梓豪．股权激励对公司绩效倒U形影响［J］．经济与管理研究，

2013 (2): 5-11.
[11] 范圣然，陈志斌. 股权激励、代理成本与企业现金流风险 [J]. 西南大学学报（社会科学版）. 2016，42 (6): 66-74.
[12] 方红星，张勇，王平. 法制环境、供应链集中度与企业会计信息可比性 [J]. 会计研究，2017 (7): 33-40; 96.
[13] 付强，扈文秀，章伟果. 管理层股权激励与企业未来盈余定价：来自中国资本市场的证据 [J]. 中国管理科学，2020，28 (1): 19-31.
[14] 高明华，谭玥宁. 董事会治理、产权性质与代理成本：基于中国上市公司的实证研究 [J]. 经济与管理研究，2014 (3): 5-13.
[15] 何畅，王骁羿. 上市公司债务期限结构及其调整速度影响因素研究 [J]. 财经问题研究，2019 (3): 68-74.
[16] 何孝星，叶展. 股权激励会影响企业融资约束吗？——基于我国上市公司的经验证据 [J]. 经济管理. 2017，39 (1): 84-99.
[17] 何孝星，叶展. 股权激励、代理冲突与股价崩盘风险：基于中国资本市场的经验证据 [J]. 吉林大学社会科学学报. 2017，57 (5): 15-25; 202.
[18] 洪峰，戴文涛. 高管股权激励与银行债务契约定价：信号传递抑或风险规避 [J]. 广东财经大学学报，2018，33 (5): 70-82.
[19] 胡国强，盖地. 高管股权激励与银行信贷决策：基于我国民营上市公司的经验证据 [J]. 会计研究，2014 (4): 58-65.
[20] 黄波. 法制环境、会计信息可比性与债券信用利差 [J]. 财经论丛，2020 (3): 78-86.
[21] 江伟. 负债的代理成本与管理层薪酬：基于中国上市公司的实证分析 [J]. 经济科学，2008 (4): 110-123.
[22] 江轩宇. 会计信息可比性与股价崩盘风险 [J]. 投资研究，2015，34 (12): 97-111.
[23] 江轩宇，申丹琳，李颖. 会计信息可比性影响企业创新吗 [J]. 南开管理评论，2017，20 (4): 82-92.
[24] 李青原，王露萌. 会计信息可比性与上市公司业绩预告外溢效应 [J]. 经济管理，2020，42 (5): 173-194.
[25] 李青原，王露萌. XBRL财务报告提高了会计信息可比性吗？[J]. 东南大学学报（哲学社会科学版），2019，21 (6): 61-75; 147.
[26] 李青原，王露萌. 会计信息可比性与公司避税 [J]. 会计研究，2019 (9): 35-42.
[27] 李维安. 公司治理 [M]. 天津：南开大学出版社，2001.
[28] 李向荣. 基于多重代理理论的国有企业混合所有制改革研究 [J]. 宏观经

济管理，2018（7）：53-58.

[29] 李星辰，姜英兵. 股权激励与分类转移盈余管理：基于股权激励契约要素角度［J］. 宏观经济研究，2018（2）：44-58.

[30] 谌新民，刘善敏.上市公司经营者报酬结构性差异的实证研究［J］. 经济研究，2003（8）：55-63.

[31] 连立帅. 对外直接投资、产权性质与过度负债［J］. 上海财经大学学报，2019，21（6）：111-127.

[32] 梁上坤. 股权激励强度是否会影响公司费用黏性［J］. 世界经济，2016，39（6）：168-192.

[33] 刘井建，纪丹宁，王健. 高管股权激励计划、合约特征与公司现金持有［J］. 南开管理评论，2017，20（1）：43-56.

[34] 刘井建，李惠竹，张冬妮，等. 高管股权激励与大股东掏空抑制研究：大股东异质特征和制度情境的调节效应［J］. 管理工程学报，2020，34（3）：20-31.

[35] 刘磊，王亚星，潘俊. 经济政策不确定性、管理层治理与企业债务融资决策［J］. 山西财经大学学报，2019，41（11）：83-97.

[36] 刘磊，谢继君，李诗琪. 股权激励方式与现金股利：基于股东监督情境差异化视角的考察［J］. 会计与经济研究，2019，33（5）：61-77.

[37] 刘睿智，刘志恒，胥朝阳. 主并企业会计信息可比性与股东长期财富效应［J］. 会计研究，2015（11）：34-40；96.

[38] 陆正飞，祝继高，孙便霞. 盈余管理、会计信息与银行债务契约［J］. 管理世界，2008（3）：152-158.

[39] 罗进辉. 媒体报道的公司治理作用：双重代理成本视角［J］. 金融研究，2012（10）：153-166.

[40] 吕长江，赵宇恒. 国有企业管理者激励效应研究：基于管理者权力的解释［J］. 管理世界，2008（11）：99-109.

[41] 毛洪安，李晶晶. 代理成本、股权结构与公司债务期限结构［J］. 中南财经政法大学学报，2010（5）：104-109.

[42] 明泽，潘颉. 企业生命周期、会计信息可比性与融资约束［J］. 财经问题研究，2018（9）：114-121.

[43] 倪小雅，戴德明，张东旭. 股权激励与审计收费：来自中国的经验证据［J］. 审计研究，2017（1）：69-77.

[44] 聂萍，周欣. 有比较才有鉴别：会计信息可比性、资产误定价与公司价值评估［J］. 现代财经（天津财经大学学报），2019（9）：40-55.

[45] 宁薛平，沈悦. 金融市场股权激励效应研究：以不同程度限制性股票激励

为视角 [J]. 甘肃社会科学，2019 (4): 192-199.
[46] 欧阳红兵，窦雯璐. 行业类型、管理层激励和公司债务期限结构的选择 [J]. 中国人口·资源与环境，2015，25 (A1): 564-567.
[47] 潘临，郝莉莉，张龙平. 签字会计师执业经验与会计信息可比性：来自中国证券市场的经验证据 [J]. 审计与经济研究，2019，34 (4): 44-56.
[48] 潘临，朱云逸，游宇. 环境不确定性、内部控制质量与会计信息可比性 [J]. 南京审计大学学报，2017，14 (5): 78-88.
[49] 彭韶兵，宋冰洁，王玉. 高管股权激励与公司异常关联交易：抑制还是加剧 [J]. 广东财经大学学报，2021，36 (2): 54-68.
[50] 彭雯，张立民. 会计师事务所国际化与会计信息可比性：基于中国会计师事务所在PCAOB注册的分析 [J]. 中南财经政法大学学报，2020 (1): 23-33.
[51] 齐欣林. 债务期限结构的宏观经济影响因素研究 [J]. 新疆社会科学 (汉文版)，2013 (6): 23-30.
[52] 邱杨茜，叶展. 高管股权激励对公司债定价的影响研究 [J]. 厦门大学学报 (哲学社会科学版)，2019 (2): 82-91.
[53] 屈恩义，朱方明. 基于内生视角的股权激励实施效果检验：来自中国上市公司的新证据 [J]. 首都师范大学学报 (社会科学版)，2017 (6): 87-94.
[54] 屈恩义，朱方明. 股权激励、代理成本与公司业绩：基于两种代理成本的中介效应检验 [J]. 湖湘论坛，2017，30 (3): 84-91.
[55] 上海证券交易所. 中国上市公司高管人员股权激励研究 [R]. 上海：上海证券交易所，2004.
[56] 宋玉臣，李连伟. 股权激励对上市公司绩效的作用路径：基于结构方程模型 (SEM) 的实证研究 [J]. 东北大学学报 (社会科学版)，2017，19 (2): 133-139.
[57] 宋玉臣，李连伟. 股权激励对上市公司治理效率的影响测度 [J]. 山西财经大学学报，2017，39 (3): 85-96.
[58] 孙光国，杨金凤. 机构投资者持股能提高会计信息可比性吗? [J]. 财经论丛，2017 (8): 65-74.
[59] 孙健，王百强，曹丰. 公司战略影响股价崩盘风险吗? [J]. 经济管理，2016，38 (12): 47-61.
[60] 唐建荣，王宁，周玮. 股权激励与股利政策稳定性研究：基于非效率投资的遮掩效应 [J]. 科研管理，2021，42 (2): 190-199.
[61] 唐勇军，王昭阳，张鹭鹭，等. 研发创新是股权激励与企业价值的桥梁

吗？——基于中国创业板上市公司的实证分析［J］．技术经济，2020，39（3）：37-47.

［62］ 唐雨虹，周蓉，杨啸宇，等．中国上市公司股权激励实施效果研究［J］．财经理论与实践，2017，38（4）：57-61.

［63］ 田高良，田皓文，吴思锐，等．控股股东股权质押与会计信息可比性：基于债权人风险防范的视角［J］．证券市场导报，2020（10）：35-46.

［64］ 万里霜．上市公司股权激励、代理成本与企业绩效关系的实证研究［J］．预测，2021，40（2）：76-82.

［65］ 王百强，侯粲然，孙健．公司战略对公司经营绩效的影响研究［J］．中国软科学，2018（1）：127-137.

［66］ 王化成，张修平，高升好．企业战略影响过度投资吗［J］．南开管理评论，2016，19（4）：87-97；110.

［67］ 王骁羿．公司治理环境、债务期限结构与公司可持续发展［D］．大连：东北财经大学，2019.

［68］ 韦琳，姚泳西，顾群．需求不确定性、股权激励与企业成本弹性［J］．北京工商大学学报（社会科学版），2021，36（1）：68-80.

［69］ 温忠麟，叶宝娟．中介效应分析：方法和模型发展［J］．心理科学进展，2014，22（5）：731-745.

［70］ 文雯，陈胤默，张晓亮，等．CEO股权激励能促进企业对外直接投资吗：基于企业异质性视角［J］．国际商务（对外经济贸易大学学报），2020（5）：125-140.

［71］ 吴卫星，刘细宪，钟腾．政府和社会资本合作对企业债务期限结构的影响：来自中国上市公司的微观证据［J］．系统工程理论与实践，2020，40（6）：1545-1556.

［72］ 肖作平．终极控制股东对债务期限结构选择的影响：来自中国上市公司的经验证据［J］．南开管理评论，2011，14（6）：25-35.

［73］ 肖作平．公司治理影响债务期限结构类型吗？——来自中国上市公司的经验证据［J］．管理工程学报，2010，24（1）：110-123；89.

［74］ 肖作平，廖理．公司治理影响债务期限水平吗？——来自中国上市公司的经验证据［J］．管理世界，2008（11）：143-156，188.

［75］ 谢盛纹，邓紫昳，王清．会计信息可比性与注册会计师的审计决策：来自中国证券市场的经验证据［J］．审计与经济研究，2017，32（5）：10-19.

［76］ 谢盛纹，杨钦皓，刘睿．客户重要性与会计信息可比性：来自中国证券市场的经验证据［J］．南京审计大学学报，2017，14（1）：74-84.

［77］ 谢盛纹，王清．会计师事务所行业专长与会计信息可比性：来自我国证券

市场的证据［J］．当代财经，2016（5）：108-119.
［78］ 胥朝阳，刘睿智．提高会计信息可比性能抑制盈余管理吗？［J］．会计研究，2014（7）：50-57.
［79］ 杨金凤，陆建桥，王文慧．我国会计师事务所合并的整合效果研究：以会计信息可比性为视角［J］．会计研究，2017（6）：3-10；96.
［80］ 袁振超，饶品贵．会计信息可比性与投资效率［J］．会计研究，2018（6）：39-46.
［81］ 袁振超，韦小泉．会计信息可比性、审计师行业专长与审计时滞［J］．会计与经济研究，2018，32（1）：72-88.
［82］ 袁知柱，侯乃堃．投资者保护、终极控制人性质与会计信息可比性［J］．财经理论与实践，2017，38（6）：70-77.
［83］ 袁知柱，张小曼．会计信息可比性与企业投资效率［J］．管理评论，2020，32（4）：206-218.
［84］ 袁知柱，张小曼，于雪航．产品市场竞争与会计信息可比性［J］．管理评论，2017，29（10）：234-247.
［85］ 翟淑萍，孙雪娇，闫红悦．企业战略激进程度与债务期限结构［J］．金融论坛，2019，24（12）：38-49；59.
［86］ 翟淑萍，白冠男，白素文．企业战略定位影响现金持有策略吗？［J］．中央财经大学学报，2019（5）：62-73.
［87］ 张春霖．产权概念和产权研究的方法：读哈·德姆塞茨《关于产权的理论》［J］．经济社会体制比较，1990（6）：56-57；48.
［88］ 张霁若．CEO变更对会计信息可比性的影响研究［J］．会计研究，2017（11）：52-57；96.
［89］ 张静，陈淑芳．股权激励、机构投资者异质性与真实盈余管理：基于沪深A股上市公司的实证研究［J］．兰州大学学报（社会科学版），2021，49（2）：71-82.
［90］ 张列柯，张倩，刘斌．会计信息可比性影响高管薪酬契约的有效性吗？［J］．中国软科学，2019（2）：110-127.
［91］ 张先治．会计学与财务学范畴及学科定位研究［M］．北京：中国财政经济出版社，2011.
［92］ 张先治，季侃．内部报告对管理会计发展的影响研究［J］．会计与控制评论，2011（2）：75-85.
［93］ 张先治，刘坤鹏，李庆华．战略偏离度、内部控制质量与财务报告可比性［J］．审计与经济研究，2018，33（6）：35-47.
［94］ 张晓，肖志超．管理层过度自信会影响会计信息可比性吗？［J］．中央财经

大学学报，2018 (5)：59-71.

[95] 张永杰，尹林辉，酒莉莉．会计信息可比性降低了股权融资成本吗 [J]．国际商务（对外经济贸易大学学报），2019 (6)：135-152.

[96] 张勇．外部监督、关联方交易与企业会计信息可比性 [J]．现代财经（天津财经大学学报），2018，38 (3)：99-113.

[97] 张勇．投资者实地调研与企业会计信息可比性：来自深交所“互动易”平台的经验证据 [J]．证券市场导报，2018 (5)：13-22.

[98] 张勇．税收征管能提高企业会计信息可比性吗——基于关联方交易的视角 [J]．广东财经大学学报，2018，33 (4)：75-88.

[99] 张勇．会计信息可比性与企业商业信用融资：基于企业市场地位和行业竞争环境的双重考量 [J]．财经理论与实践，2017，38 (6)：78-85.

[100] 张勇．高管超额薪酬与企业会计信息可比性：基于薪酬辩护理论视角 [J]．会计与经济研究，2020，34 (3)：50-67.

[101] 郑登津，谢德仁，袁薇．民营企业党组织影响力与盈余管理 [J]．会计研究，2020 (5)：62-79.

[102] 朱家谊．政府干预与企业债务期限结构研究：来自我国上市公司的经验数据 [J]．财经科学，2010 (10)：88-95.

[103] AARSTOL M P. Inflation and debt maturity [J]. Quarterly Review of Economics & Finance，2000，40 (1)：139-153.

[104] AHMED A S，NEEL M，WANG D. Does mandatory adoption of IFRS improve accounting quality? preliminary evidence [J]. Contemporary Accounting Research，2013，30 (4)：1344-1372.

[105] AKERLOF G A. The market for lemons：quality uncertainty and the market mechanism [J]. The Quarterly Journal of Economics，1970，84 (3)：488-500.

[106] ARMSTRONG C S，BARTH M E，JAGOLINZER A D，et al. Market reaction to the adoption of IFRS in Europe [J]. Accounting Review，2010，85 (1)：31-61.

[107] ARMSTRONG C S，VASHISHTHA R. Executive stock options，differential risk-taking incentives，and firm value [J]. Journal of Financial Economics，2012，104 (1)：70-88.

[108] BAKER G P，HUBBARD T N. Contractibility and asset ownership：on-board computers and governance in U.S. trucking [J]. The Quarterly Journal of Economics，2004，4：1443-1479.

[109] BALL R，ROBIN A，WU J. Incentives versus standards：properties of

accounting income in four east asian countries [J]. Journal of Accounting & Economics, 2003, 36 (1): 235-270.

[110] BALSAM S, KRISHNAN J, YANG J S, et al. Auditor industry specialization and earnings quality [J]. Auditing: A Journal of Practice & Theory, 2003, 22 (2): 71-98

[111] BARTH M E. Global comparability in financial reporting: what, why, how, and when? [J]. China Journal of Accounting Studies, 2013, 1 (1): 2-12.

[112] BARTH M E, LANDSMAN W R, LANG M, et al. Are IFRS-based and US GAAP-based accounting amounts comparable [J]. Journal of Accounting & Economics, 2012, 54 (1): 68-93.

[113] BARZEL Y. Parliament as a wealth-maximizing institution: the right to the residual and the right to vote [J]. International Review of Law & Economics, 1997, 17 (4): 455-474.

[114] BEBCHUK L A, FRIED J M. Executive compensation as an agency problem [J]. Journal of Economic Perspectives, 2003, 17 (6): 71-92.

[115] BENMELECH E, KANDEL E, VERONESI P. Stock-based compensation and CEO (DIS) incentives [J]. The Quarterly Journal of Economics, 2010, 125 (4): 1769-1820.

[116] BENTLEY K A, OMER T C, SHARP N Y. Business strategy, financial reporting irregularities and audit effort [J]. Contemporary Accounting Research, 2013, 30 (2): 780-817.

[117] BERGSTRESSER D, PHILIPPON T. CEO incentives and earnings management [J]. Journal of Financial Economics, 2006, 80 (3): 511-529.

[118] BROWN L D, LEE Y J. The relation between corporate governance and CEOs' equity grants [J]. Journal of Accounting & Public Policy, 2010, 29 (6): 533-558.

[119] BUSHMAN R M, SMITH A J. Financial accounting information and corporate governance [J]. Journal of Accounting & Economics, 2001, 32 (1-3): 237-333.

[120] BYARD D, LI Y, YU Y. The effect of mandatory IFRS adoption on financial analysts′ information environment [J]. Journal of Accounting Research, 2011, 49 (1): 69-96.

[121] CHEN C W, COLLINS D W, KRAVET T D, et al. Financial statement

comparability and the efficiency of acquisition decisions [J]. Contemporary Accounting Research, 2018, 35 (1): 164-202.

[122] CHEN C, YOUNG D Q, ZHUANG Z L. Externalities of mandatory IFRS adoption: evidence from cross-border spillover effects of financial information on investment efficiency [J]. Accounting Review, 2013, 88 (3): 881-914.

[123] CHENG J C, WU R S. Internal capital market efficiency and the diversification discount: the role of financial statement comparability [J]. Journal of Business Finance & Accounting, 2018, 45 (5-6): 572-603.

[124] CHO T S, HAMBRICK D C, CHEN M J. Effects of Top management team characteristics on competitive behaviors of firms [J]. Academy of Management Proceedings, 1994 (1): 12-16.

[125] CHOI J H, CHOI S H, MYERS L A, et al. Financial statement comparability and the informativeness of stock prices about future earnings [J]. Contemporary Accounting Research, 2019, 36 (1): 389-417.

[126] COASE R H. The problem of social cost [J]. Journal of Law and Economics, 2013, 56 (4): 837-877.

[127] COOPER I, LAMBERTIDES N. Optimal equity valuation using multiples: the number of comparable firms [J]. European Financial Management, 2022, 29 (4): 1.

[128] DEFOND M, HU X S, HUNG M Y, et al. The impact of mandatory IFRS adoption on foreign mutual fund ownership: the role of comparability [J]. Journal of Accounting & Economics, 2011, 51 (3): 240-258.

[129] DE FRANCO G, KOTHARI S P, VERDI R S. The benefits of financial statement comparability [J]. Journal of Accounting Research, 2011, 49 (4): 895-931.

[130] DICHEV I D, GRAHAM J R, HARVEY C R, et al. Earnings quality: evidence from the field [J]. Journal of Accounting and Economics, 2013, 56 (2-3): 1-33.

[131] DUFFIE D, SINGLETON K J. Modeling term structures of defaultable bonds [J]. Review of Financial Studies, 1999, 12 (4): 687-720.

[132] ELYASIANI E, GUO L, TANG L. The determinants of debt maturity at issuance: a system-based model [J]. Review of Quantitative Finance

& Accounting, 2002, 19 (4): 351-377.

[133] FAMA E F, JENSEN M C. Separation of ownership and control [J]. Journal of Law & Economics, 1983, 26 (2): 301-326.

[134] FANG X, LI Y, XIN B, et al. Financial statement comparability and debt contracting: evidence from the syndicated loan market [J]. Accounting Horizons, 2016, 30 (2): 277-303.

[135] WATANABE O, FRANCIS J R, PINNUCK M L. Auditor style and financial statement comparability [J]. Accounting Review, 2014, 89 (2): 605-633.

[136] GEILER P, RENNEBOOG L. Executive remuneration and the payout decision [J]. Corporate Governance: An International Review, 2016, 24 (1): 42-63.

[137] GHOSH A, MOON D, TANDON K. CEO ownership and discretionary investments [J]. Journal of Business Finance & Accounting, 2007, 34 (5-6): 819-839.

[138] GOLDMAN E, SLEZAK S L. An equilibrium model of incentive contracts in the presence of information manipulation [J]. Journal of Financial Economics, 2005, 80 (3): 603-626.

[139] GUEDES J, OPLER T. The determinants of the maturity of corporate debt issues [J]. The Journal of Finance, 1996, 51 (5): 1809-1833.

[140] HALL B J, LEIBMAN J B. Are CEOs really paid like bureaucrats? [J]. Quarterly Journal of Economics, 1998, 113 (3): 653-691.

[141] HAMBRICK D C, MASON P A. Upper echelons: the organization as a reflection of its top managers [J]. The Academy of Management Review, 1984, 9 (2): 193-206.

[142] HART O, MORRE J. Debt and seniority: an analysis of the role of hard claims in constraining management [J]. American Economic Review, 1995, 85 (3): 567-585.

[143] HART O, MORRE J. Default and renegotiation: a dynamic model of debt [J]. Quarterly Journal of Economics, 1998, 113 (1): 1-41.

[144] Hayes R M, LEMMON M, QIU M M. Stock options and managerial incentives for risk taking: Evidence from FAS 123R [J]. Journal of Financial Economics, 2012, 105 (1): 174-190.

[145] HOLMSTROM B. Moral hazard and observability [J]. The Bell Journal of Economics, 1979, 10 (1): 74-91.

[146] HORTON J, SERAFEIM G, SERAFEIM I. Does mandatory IFRS adoption improve the information environment? [J]. Contemporary Accounting Research, 2013, 30 (1): 388-423.

[147] IAQUINTO A L, FREDRICKSON J W.Top management team agreement about the strategic decision process: a test of some of its determinants and consequences [J]. Strategic Management Journal, 1997, 18 (1): 63-75.

[148] IMHOF M J, SEAVEY S E, SMITH D B.Comparability and cost of equity capital [J]. Accounting Horizons, 2017, 31 (2): 125-138.

[149] ITTNER C D, LARCKER D F, RAJAN M V.The choice of performance measures in annual bonus contracts [J]. Accounting Review, 1997, 72 (2): 231-255.

[150] JENSEN M C.Agency costs of free cash flow, corporate finance, and takeovers [J]. American Economic Review, 1986, 76 (2): 323-329.

[151] JENSEN M C, MECKLING W H. Theory of the firm: managerial behavior, agency costs and ownership structure [J]. Journal of Financial Economics, 1976, 3: 305-360.

[152] JENSEN M C, MURPHY K J. Performance pay and top-management incentives [J]. Journal of Political Economy, 1990, 98 (2): 225-264.

[153] JOHN T A, JOHN K. Top-management compensation and capital structure [J]. The Journal of Finance, 1993, 48 (3): 1097-1098

[154] KADAN O, YANG J.Executive stock options and earnings management a theoretical and empirical analysis [J]. Quarterly Journal of Finance, 2016, 6 (2): 1-39.

[155] KEDIA S, PHILIPPON T.The economics of fraudulent accounting [J]. Review of Financial Studies, 2009, 22 (6): 2169-2199.

[156] KIM J B, LI L Y, LU L Y, et al.Financial statement comparability and expected crash risk [J]. Journal of Accounting & Economics, 2016, 61 (2-3): 294-312.

[157] KIM R, KIM S, MUSA P M.When does comparability better enhance relevance? policy implications from empirical evidence [J]. Journal of Accounting & Public policy, 2018, 37 (5): 436-457.

[158] KIM S, KRAFT P, RYAN S G. Financial statement comparability and credit risk [J]. Review of Accounting Studies, 2013, 18 (3): 783-823.

[159] KOTHARI S P, LEONE A J, WASLEY C E. Performance matched discretionary accrual measures [J]. Journal of Accounting & Economics, 2005, 39 (1): 163-197.

[160] KRISHNAN H A, PARK D. Effects of top management team change on performance in downsized US companies [J]. Management International Review, 1998, 38 (4): 303-319.

[161] LANG M, SMITH R J, WILSON W. Earnings management and cross listing: are reconciled earnings comparable to US earnings [J]. Journal of Accounting & Economics, 2006, 42 (1): 255-283.

[162] LANGFIELD-SMITH K. Management control systems and strategy: a critical review [J]. Accounting Organizations & Society, 1997, 22 (2): 207-232.

[163] LELAND H E, PYLE D H. International asymmetries, financial structure, and financial intermediation [J]. The Journal of Finance, 1977, 32 (2): 371-387.

[164] LIU Y X, MAUER D C. Corporate cash holdings and CEO compensation incentives [J]. Journal of Financial Economics, 2011, 102 (1): 183-198.

[165] LORD R A, SAITO Y. Does compensation structure alleviate personal CEO risks [J]. Journal of Business Finance & Accounting, 2012, 39 (9-10): 1272-1297.

[166] MANSO G. Motivating innovation [J]. Journal of Finance, 2011, 66 (5): 1823-1860.

[167] MARCH J G. Exploration and exploitation in organizational learning [J]. Organization Science, 1991, 2 (1): 71-87.

[168] MCCONNELL J J, SERVAES H. Additional evidence on equity ownership and corporate value [J]. Journal of Financial Economics, 1990, 27 (2): 595-612.

[169] MILES R E, SNOW C C. Organizational strategy, structure and process [M]. New York: McGraw-Hill Press, 1978.

[170] MILES R E, SNOW C C. Organizational strategy, structure and process [M]. Stanford, CA: Stanford University Press, 2003.

[171] MINTZBERG H. Patterns in strategy formation [J]. Management Science, 1978, 24 (9): 934-948.

[172] MINTZBERG H. The strategy concept I: five Ps for strategy [J].

California Management Review，1987，30（1）：11-24.

[173] MITCHELL K.The debt maturity choice：an empirical investigation [J]. Journal of Financial Research，1993，16（4）：309-320.

[174] MODIGLIANI F，MILLER M H.The cost of capital，corporation finance and the theory of investment [J]. American Economic Review，1958，48（3）：261-297.

[175] MORGAN A G，POULSEN A B. Linking pay to performance—compensation proposals in the S&P 500 [J]. Journal of Financial Economics，2001，62（3）：489-523.

[176] MORRIS J R. On corporate debt maturity strategies [J]. Journal of Finance，1976，31（1）：29-37.

[177] MYERS S C. Determinants of corporate borrowing [J]. Journal of Financial Economics，1977，5（2）：147-175.

[178] NAVISSI F，SRIDHARAN V G，KHEDMATI M.Business strategy，over-（under-）investment and managerial compensation [J]. Journal of Management Accounting Research，2017，29（2）：63-86.

[179] ORTIZ-MOLINA H. Top management incentives and the pricing of corporate public debt [J]. Journal of Financial & Quantitative Analysis，2006，41（2）：317-340.

[180] OZKAN N，SINGER Z，YOU H F. Mandatory IFRS adoption and the contractual usefulness of accounting information in executive compensation [J]. Journal of Accounting Research，2012，50（4）：1077-1107.

[181] PANOUSI V，PAPANIKOLAOU D. Investment，idiosyncratic risk，and ownership [J]. The Journal of Finance，2012，67（3）：1113-1148.

[182] PARRINO R，POTESHMAN A M，WEISBACH M S. Measuring investment distortions when risk-averse managers decide whether to undertake risky projects [J]. Financial Management，2005，34（1）：21-60.

[183] PORTER M E.Competitive strategy：techniques for analyzing industries and competitors [M]. New York：The Free Press，1980.

[184] RADNER R.Monitoring cooperative agreements in a repeated principal-agent relationship [J]. Econometrica，1981，49（5）：1127-1148.

[185] RAHMAN A，PERERA H，GANESHANANDAM S. Measurement of formal harmonization in accounting：an exploratory study [J].

Accounting & Business Research, 1996, 26 (4): 325-339.

[186] RYAN H E, WIGGINS R A. The interactions between R & D investment decisions and compensation policy [J]. Financial Management, 2002, 31 (1): 5-29.

[187] SAWERS K, WRIGHT A, ZAMORA V. Does greater risk-bearing in stock option compensation reduce the influence of problem framing on managerial risk-taking behavior? [J]. Behavioral Research in Accounting, 2011, 23 (1): 185-201.

[188] SCHIPPER K. The introduction of international accounting standards in europe: implications for international convergence [J]. European Accounting Review, 2005, 14 (1): 101-126.

[189] SHLEIFER A, VISHNY R W. A survey of corporate governance [J]. Journal of Finance, 1997, 52 (2): 737-783.

[190] SMITH C W. Investment banking and the capital acquisition process [J]. Journal of Financial Economics, 1986, 15 (1-2): 3-29.

[191] TAPLIN R H. The measurement of comparability in accounting research [J]. Abacus, 2011, 47 (3): 383-409.

[192] THOMAS, A S, LITSCHERT R J, RAMASWAMY K. The performance impact of strategy manager coalignment: an empirical examination [J]. Strategic Management Journal, 1986, 12 (7): 509-522.

[193] TILTNAN S, WESSELS R. The determinanst of capital structure choice [J]. Journal of Finance, 1988, 43 (1): 1-19.

[194] FANG F W, MAFFETT M, ZHANG B. Foreign institutional ownership and the global convergence of financial reporting practices [J]. Journal of Aaccounting Research, 2015, 53 (3): 593-631.

[195] WANG C. Accounting standards harmonization and financial statement comparability: evidence from transnational information transfer [J]. Journal of Accounting Research, 2014, 52 (4): 955-992.

[196] YIP R W Y, YOUNG D Q. Does mandatory IFRS adoption improve information comparability? [J]. Accounting Review, 2012, 87 (5): 1767-1789.

[197] YOUNG S, ZENG Y C. Accounting comparability and the accuracy of peer-based valuation Models [J]. Accounting Review, 2015, 90 (6): 2571-2601.

[198] ZHANG J H. Accounting comparability, audit effort, and audit outcomes [J]. Contemporary Accounting Research, 2018, 35 (1): 245-276.

索引